Für India und Ziggy

Aus Verantwortung für die Umwelt hat sich der Fischer Kinder- und Jugendbuch Verlag zu einer nachhaltigen Buchproduktion verpflichtet. Der bewusste Umgang mit unseren Ressourcen, der Schutz unseres Klimas und der Natur gehören zu unseren obersten Unternehmenszielen. Gemeinsam mit unseren Partnern und Lieferanten setzen wir uns für eine klimaneutrale Buchproduktion ein, die den Erwerb von Klimazertifikaten zur Kompensation des CO_2-Ausstoßes einschließt. Weitere Informationen finden Sie unter: www.klimaneutralerverlag.de

Erschienen bei FISCHER Sauerländer

Die norwegische Originalausgabe erscheint unter dem Titel »Håndbok for unge antirasister« bei CAPPELEN DAMM AS, Oslo. Copyright © CAPPELEN DAMM, 2021
This translation has been published with the financial support of NORLA.

2. Auflage 2023
Für die deutschsprachige Ausgabe:
© 2022 Fischer Kinder- und Jugendbuch Verlag GmbH,
Hedderichstraße 114, D-60596 Frankfurt am Main
Umschlaggestaltung: Maria Seidel, www.atelier-seidel.de,
nach einer Illustration von Thea Jacobsen
Satz: Fotosatz Amann, Memmingen
Druck und Bindung: Livonia Print, Riga
Printed in Latvia
ISBN 978-3-7373-5963-4

Tinashe Williamson

No to Racism!
Das Antirassismus-Handbuch

Aus dem Norwegischen von Stefan Pluschkat

Mit Illustrationen von Thea Jacobsen

Mit einem Vorwort von Jana Pareigis

FISCHER | SAUERLÄNDER

VORWORT VON JANA PAREIGIS

Du bist toll. Du! Bist! Toll! Es ist wichtig, dass du das nicht vergisst. Denn wenn dich jemand rassistisch beleidigt oder rassistisch mit dir umgeht, wird dir dadurch ja immer versucht weiszumachen, dass mit dir irgendwas nicht stimmt. So ist das mit Rassismus: Er ist verletzend. Er ist bedrohlich. Und er ist gefährlich.

Denn »Rassismus teilt Menschen in Gruppen ein und behauptet, manche Gruppen seien besser als andere«, wie Tinashe Williamson in diesem Buch erklärt. Das heißt, Menschen werden zum Beispiel nach Hautfarbe eingeteilt, nach Herkunft, also aus welchem Land sie kommen, oder nach Religion. Rassismus führt also dazu, dass du beispielsweise als Schwarzer Mensch schlecht gemacht, unfair behandelt, vollkommen falsch dargestellt oder angefeindet wirst.

Und auch wenn du selbst nicht von Rassismus betroffen bist, aber gegen Rassismus deinen Mund aufmachst, wirst du dir wahrscheinlich verletzende Dinge anhören müssen. Mit Rassismus umzugehen kostet viel Kraft. Und ja, erfordert auch Mut. Deshalb vergiss nie: Nicht du bist das Problem, sondern die Menschen, die rassistisch sind.

Tinashe Williamson beschreibt in diesem Buch viele Situationen, die du vielleicht auch schon erlebt hast. Ich kenne viele davon als Afro-Deutsche aus eigener Erfahrung und hätte mir so ein Buch als Kind und Jugendliche gewünscht, als Unterstützung dabei, wie man mit Rassismus umgehen und wie man Rassismus bekämpfen kann. Ein persönliches Beispiel. Als Jugendliche saß ich mit einer *weißen* Freundin im Bus in Hamburg. Wir haben uns unterhalten und gelacht. Da fängt ein Mann an, mich rassistisch zu beschimpfen: Ich solle nach Afrika zurückgehen. Und so weiter. Der Bus war voll. Niemand hat etwas erwidert. Auch meine Freundin nicht. Ich habe mich dann gegen den Mann gewehrt. Ihm gesagt, dass er rassistisch ist. Von den anderen im Bus: Schweigen. Am meisten hat mich verletzt, dass meine Freundin nichts gesagt hat. Als wir ausgestiegen sind, war ich so wütend über den Rassismus – und ich war so enttäuscht von ihr. Auf meine Frage, warum sie nichts gesagt hat, antwortete sie unsicher: Sie hätte das Gefühl gehabt, ich würde das allein regeln … Ich kann dir gar nicht sagen, wie sehr mich getroffen hat, dass sie sich nicht hinter mich gestellt hat. Das merke ich auch daran, dass ich diesen Moment bis heute – mehr als 25 Jahre später – immer noch so genau erinnere. Befreundet bin ich mit ihr nach wie vor, aber hätte ich die Situation heute als Kind erlebt, hätte ich meiner Freundin wahrscheinlich dieses Buch von Tinashe Williamson gegeben. Denn Rassismus geht uns alle an! Und umso mehr Menschen antirassistisch sind, umso eher ändert sich etwas grundlegend.

Auch diese vermeintlich kleinen alltäglichen rassistischen Giftpfeile, wie bei meinem Beispiel aus dem Bus, tun weh. Es ist weniger schmerzhaft, wenn man nicht allein gelassen wird, wenn man Rassismus erlebt, sondern wenn andere für einen da sind. Das nennt man solidarisch sein. Und dabei auch Menschen, die nicht selber von Rassismus betroffen sind, klar machen: Rassismus geht gar nicht!

Denn das Problem ist groß: So viele Menschen in Deutschland sind von Rassismus betroffen. Mehr als ein Fünftel der Bevölkerung, also 22 Prozent aller Menschen hier, sagen, dass sie selbst schon Rassismus erfahren haben. Das hat der erste Nationale Diskriminierungs- und Rassismus-Monitor in Deutschland 2022 herausgefunden. Das Gute – und das hat die Studie eben auch gezeigt – ein Großteil der Bevölkerung kann sich vorstellen, sich gegen Rassismus einzusetzen, also zu engagieren. Das heißt, es gibt im Grunde viele Menschen, die Rassismus auch nicht einfach hinnehmen wollen. Du bist also nicht allein!

Und es gibt viel zu tun. Hier mal ein paar weitere Beispiele, wie sich Rassismus in Deutschland zeigt: wenn einer Mitschülerin auf dem Schulhof rassistische Beschimpfungen an den Kopf geworfen werden. Oder wenn beim Spielen rassistische Kinderlieder gesungen werden. Oder wenn die eigenen Großeltern sich bei der Familienfeier abfällig über Menschen muslimischen Glaubens äußern.

Das alles liegt eben auch daran, dass Rassismus so weit verbreitet ist in unserer Gesellschaft. Also, dass viele Menschen bestimmte Vorstellungen haben, wie andere Menschen angeblich sind. Obwohl das gar nicht der Wahrheit entspricht. Manchen ist gar nicht unbedingt bewusst, dass sie sich rassistisch verhalten, aber trotzdem hat das eben Folgen für die Menschen, die den Rassismus abbekommen.

Rassismus gibt es auch in Firmen, Organisationen oder Behörden, wie in Kindertagesstätten: zum Beispiel, wenn in den Kinderbüchern der Kita nur *weiße* Kinder vorkommen. Oder in der Schule: Klar, wer da welche Note bekommt, hängt von vielen Dingen ab, und es geht in keinem Fall darum, allen Lehrer*innen zu unterstellen, sie seien rassistisch. Es gibt jedoch Studien, die zeigen, dass Kinder mit einem ausländischen Namen bei gleicher Leistung schlechter benotet werden als Kinder mit einem deutschen Namen. Das passiert nicht immer, aber es kommt oft vor.

Oder dass manche Lehrer*innen im Unterricht geringere Erwartungen an Schüler*innen aus Einwandererfamilien haben als an die anderen Schüler*innen. So von wegen: Die sind eh nicht so gut. Das hat natürlich Folgen und kann bei den Schüler*innen aus Einwandererfamilien dazu führen, dass sie denken, sie seien nicht schlau. Was ja nicht stimmt.

Es gibt Rassismus auch in Firmen: Zum Beispiel kommt es vor, dass bei der Suche nach einem Ausbildungsplatz Jugendliche mit einem türkischen Namen seltener zu Bewerbungsgesprächen eingeladen werden als Jugendliche mit einem deutschen Namen. Obwohl beide eine gleich gute Bewerbung mit gleich guten Noten haben.

Bei all diesen Beispielen – von der Suche nach einem Ausbildungsplatz, aus der Schule, und aus der Kita – spricht man von »strukturellem Rassismus«. Was das genau bedeutet, erklärt Tinashe Williamson in diesem Buch. Sie vergleicht dabei den strukturellen Rassismus mit einem Klettergerüst, weil das Wort »strukturell« ja vom Wort »Struktur« kommt, also beschreibt, wie eine Sache aufgebaut ist: Es ist wie ein Klettergerüst, das auf die Maße der Mehrheit zugeschnitten ist. Ist es zum Beispiel für besonders große Menschen gebaut, können kleinere Personen es nicht benutzen. »Egal, wie sehr sie sich anstrengen, sie schaffen es einfach nicht bis nach oben. Obwohl das Gerüst für alle zugänglich ist und darauf rumklettern darf, wer mag«, erklärt Tinashe Williamson. »Ganz ähnlich ist es mit größeren, komplizierten Strukturen, zum Beispiel mit dem Schul- oder dem Gesundheitswesen. Die meisten Strukturen wurden für *weiße* Menschen geschaffen.«

Nachdem du all diese Beispiele gelesen hast, hast du vielleicht das Gefühl, dass du gar nicht weißt, was du gegen Rassismus tun kannst? Wie du dich in solchen Situationen verhalten sollst und möchtest? Das kann ich gut verstehen. Es gibt ja auch viele verschiedene Antworten auf diese Fragen. Eine Sache aber steht fest: Jede*r Einzelne, also auch du, kann sehr viel bewegen. Vielleicht ist es ja ein erster Schritt sich vorzustellen, wie es wäre, wenn es keinen Rassismus mehr geben würde? Denn Rassismus ist ja nichts »Normales«, nichts Natürliches. Was also würde das für dein Leben bedeuten? Wie würde die Welt dann aussehen? Und dann überlege, was du tun kannst, damit es Rassismus nicht mehr gibt. In diesem Buch von Tinashe Williamson stehen dafür viele wertvolle Anregungen und Ideen.

Jana Pareigis

»Du darfst das Unrecht,
das dich selbst nicht betrifft,
nicht derart inniglich ertragen.«

ARNULF ØVERLAND,
norwegischer Schriftsteller

* In diesem Text wird der Begriff »N-Wort« verwendet, weil das ausbuchstabierte Wort rassistisch ist und nicht wiederholt werden soll. Außerdem wird im Folgenden Schwarz groß und *weiß* kursiv geschrieben, wenn von Schwarzen und *weißen* Menschen die Rede ist. Damit wird angezeigt, dass es sich um sozial hergestellte Kategorien handelt und nicht um tatsächliche Gruppenzugehörigkeit. Mehr Infos bietet z. B. das Glossar für diskriminierungssensible Sprache von Amnesty International (eine Linkliste findet sich auf der vorletzten Seite).

TINASHE, 37. Norwegerin mit simbabwischen Wurzeln. Lebt mit ihrem Mann Odd-Magnus und ihren Töchtern India und Ziggy zusammen.

»Ich mag Freund*innen treffen, kochen und Musik hören!«

Als Kind fiel es mir schwer, über Rassismus zu sprechen. Jedes Mal, wenn ich meine Erfahrungen mit anderen teilte, kam es mir vor, als würde ich sie daran erinnern, dass ich anders bin. Ich hatte Riesenangst, dass sie mich so sehen würden wie die Menschen, von denen ich ihnen erzählte. Dass sie denken würden, ich sei wegen meiner Hautfarbe weniger wert. Außerdem merkte ich, dass es auch den Erwachsenen schwerfiel, über Rassismus zu sprechen. Wenn ich das Thema anschnitt, schämte ich mich. Deshalb schwieg ich viele Jahre und schluckte alle rassistischen Bemerkungen still runter. Ich nahm es hin, wenn die Leute Sachen sagten wie »War doch nicht böse gemeint«, »Verstehst du gar keinen Spaß?« oder »Sei nicht so empfindlich!«. Aber jede Bemerkung hinterließ Spuren in mir. Ich fühlte mich immer kleiner.

Wenn wir eine rassistische Bemerkung mit einem Regentropfen vergleichen, sind wir nach einem Tropfen noch nicht nass. Aber was, wenn Tausende Tropen auf uns niederprasseln? Oft sind die »kleinen«, alltagsrassistischen Kommentare wie einzelne Tropfen. Doch ich weiß, dass sich sehr viele Menschen da draußen längst pitschnass fühlen.

Mit diesem Buch möchte ich es ein bisschen leichter machen, über Rassismus zu sprechen. Für alle, die Rassismus am eigenen Leib erfahren, aber auch für die Menschen, die selbst nicht betroffen sind. Ich will zeigen, wie wir gemeinsam ein Zeichen setzen und etwas bewegen können, indem wir Antirassist*innen sind und Rassismus bekämpfen. Ich glaube, miteinander Reden ist der beste Weg, um einander näherzukommen und besser verstehen zu lernen und die Welt in einen freundlicheren, toleranteren Ort zu verwandeln.

Mir wird ein bisschen mulmig bei dem Gedanken, ein Buch zu schreiben. Aber ich tue es trotzdem, für meine Kinder und für alle, die nach mir kommen. Ihr Kinder seid die Zukunft, und ich habe ein paar Leute in eurem Alter mitgebracht, die uns durch die verschiedenen Themen begleiten werden.

THANDIE, 12. Simbabwische Wurzeln. Lebt seit ihrer Geburt in Norwegen.

»Ich liebe tanzen und Basketball spielen! Meine Lieblingsfächer sind Englisch und Naturwissenschaften, nur Mathe mag ich nicht so. Ich lebe mit meiner Mama, meinem Papa und meiner kleinen Schwester zusammen.«

VEGARD, 12. Norwegische Wurzeln.

»Wenn ich könnte, würde ich jeden Tag Eishockey spielen! Mein Lieblingsfach ist Sport und mein Lieblingsessen Pizza. Meine Familie besteht aus meinen zwei Brüdern, meinem Vater und seiner Freundin.«

VAISHALI, 13. Indische Wurzeln. Hat ihr ganzes Leben in Norwegen verbracht.

»Dienstags spiele ich Geige und mittwochs und samstags Fußball. In der Schule mag ich alle Fächer, aber am meisten Sozialkunde, Geschichte und Mathe. Zu Hause sind wir zu viert – Mama, Papa, mein großer Bruder und ich.«

LINDA, 12. Schwedische Wurzeln. Ist mit ihrer Mutter und ihrer Schwester nach Norwegen gezogen, als sie fünf war.

»Ich tanze Freestyle und würde am liebsten jeden Tag Tacos essen. Meine Lieblingsfächer sind Ernährungskunde und Geschichte, aber noch viel lieber treffe ich meine Freundinnen.«

JASMINE, 13. Vietnamesische Wurzeln. Ist vor fünf Jahren mit ihrer Mutter nach Norwegen gezogen.

»Ich spiele Klavier und skate supergern. Bei schönem Wetter skate ich jeden Tag. Einmal hab ich mir dabei den Arm gebrochen! Ich liebe vegetarische Pizza, weil ich kein Fleisch esse.«

SAMMY, 12. Gambische und norwegische Wurzeln. Lebt seit seiner Geburt in Norwegen.

»Ich mag Skifahren und spiele Gitarre. Ich träume davon, Astronaut zu werden und irgendwann zum Mars zu fliegen. Ich mag Mathe und hasse Sport, ich bin nämlich ziemlich unsportlich. Ich lebe mit meiner Mama, meinem Papa und meinen zwei Schwestern zusammen.«

ZACK, 13. Aus Kolumbien adoptiert. Ist als Einjähriger nach Norwegen gekommen.

»Ich spiele Tennis und laufe gern. In der Schule mag ich Englisch und Chemie. Außerdem interessiere ich mich sehr für Mode und möchte mal Friseur werden. Meine Familie, das sind Mama, Papa und meine Schwester, die auch adoptiert ist.«

FATIMA, 12. Wurzeln im Jemen. Lebt seit ihrer Geburt in Norwegen.

»Ich mag Schule und möchte mal Ärztin oder Forscherin werden! Ich wohne mit meiner Mama, meinem Papa und meinen fünf Geschwistern zusammen.«

»Ich habe einen Traum, dass meine vier kleinen Kinder eines Tages in einer Nation leben werden, in der man sie nicht nach ihrer Hautfarbe, sondern nach ihrem Charakter beurteilen wird.«

MARTIN LUTHER KING JR.,
US-amerikanischer Bürgerrechtler

Rassismus und Antirassismus – was bedeutet das?

Die Frage »Was ist Rassismus?« lässt sich gar nicht so leicht beantworten. Die meisten sind sich einig, dass es rassistisch ist, wenn eine Person völlig ungerechtfertigt schlechter behandelt wird. Nur weil sie ist, wer sie ist. Rassismus teilt Menschen in Gruppen ein und behauptet, manche Gruppen seien besser als andere. Früher war oft von sogenannten »Rassen« die Rede; zu welcher »Rasse« eine Person gehörte, wurde an ihrer Hautfarbe festgemacht. Heute benutzen wir den Begriff Rassismus auch dann, wenn Menschen aufgrund ihrer Religion, Nationalität oder Kultur diskriminiert werden.

Rassismus ist, wenn eine Person schlechter behandelt wird, weil sie eine andere Hautfarbe als die Mehrheit hat oder einer anderen Religion als der vorherrschenden anhängt. So leicht, so kompliziert. Rassist*innen meinen, Menschen mit bestimmten äußeren Merkmalen wie zum Beispiel einem dunklen Hautton seien weniger wert. Sie verurteilen andere, noch bevor die etwas sagen oder tun können. Bevor sie die Chance haben, von ihren Hobbys zu erzählen und davon, was sie über die Klimakrise oder einen bestimmten TikTok-Tanz denken und zu welchem Fußballclub sie halten. Bevor sie die Chance bekommen, den Mund zu öffnen und etwas zu sagen. Weil Rassist*innen sie schon auf den allerersten Blick verurteilen. Vielleicht denkst du jetzt: »Das ist nicht fair!« Aber leider passiert es trotzdem. *Das* ist Rassismus.

Manche Leute glauben, man könne den Wert einer Person an ihrer Hautfarbe messen. Sie haben Vorurteile, wie Menschen mit einer bestimmten Hautfarbe sich verhalten und wie sie denken. Das geht natürlich nicht! Aber was können wir dagegen tun? Wie können du oder ich dafür sorgen, dass die Welt ein freundlicherer, toleranterer Ort wird? Ein Ort, wo nicht unsere Hautfarbe zählt, sondern was wir denken, sagen und tun? Bis dorthin liegt ein langer Kampf vor uns. Ein Kampf, den wir mittels Antirassismus führen müssen. Wer antirassistisch handelt, setzt sich aktiv gegen Rassismus ein. Seit Generationen versuchen wir Antirassist*innen, den Rassismus aus der Gesellschaft zu vertreiben. Wir rufen laut in die Welt, dass alle Menschen gleich viel wert sind. Wir sind schon ein gutes Stück vorangekommen, aber noch längst nicht am Ziel. Jetzt reichen wir den Staffelstab an euch weiter – ihr seid die Zukunft!

TINASHE: In meinem Leben habe ich oft Rassismus erfahren, vor allem, als ich in eurem Alter war. Aber die schwierigsten Begegnungen mit dem Thema waren die Gespräche mit meinen Töchtern. Als ihre Mutter musste ich ihnen erklären, dass es Menschen gibt, die sie nicht mögen und akzeptieren werden. Menschen, in deren Augen sie weniger wert sind. Nur wegen ihrer Hautfarbe. Für eine Mutter sind solche Gespräche sehr schmerzhaft.

Wir sind an einen Punkt gelangt, an dem wir uns nicht mehr damit zufriedengeben können, selbst nicht rassistisch zu handeln. Wir alle müssen *antirassistisch* handeln und Rassismus aktiv bekämpfen. Probleme können wir nur dann lösen, wenn wir sie vorher erkennen, und es ist so wichtig wie noch nie, dass wir unsere Stimmen erheben und für das einstehen, was wir für richtig halten. Nur so können wir etwas verändern. Wir müssen alle unseren Teil beitragen. Ihr jungen Leute seid die Zukunft, und ich bin mir sicher, ihr werdet diese Aufgabe besser meistern als wir, die vor euch auf der Welt waren.

Ihr schafft das!

Aber zuerst: ein paar Fakten!

Der Begriff »Rassismus« hat eine lange Geschichte. Im Jahr 1859 veröffentlichte der britische Naturwissenschaftler Charles Darwin das Buch *Über die Entstehung der Arten*. Darwin hatte über viele Jahre die Entwicklung von Tieren und Pflanzen erforscht. In seinem Buch beschrieb er, dass Pflanzen und Tiere, die besonders gut an ihre Umwelt angepasst waren, die größten Chancen hatten, sich zu vermehren und ihre Merkmale zu vererben. Obwohl Darwin sich in seiner Evolutionstheorie nur auf Tiere und Pflanzen bezog, wurde sie ein paar Jahrzehnte später auch auf Menschen übertragen, um zwischen »Menschenrassen« zu unterscheiden und zu bestimmen, welche davon am besten angepasst war. Da damals sehr viele Wissenschaftler in Europa lebten, behaupteten sie, dass *weiße* Menschen am klügsten und stärksten seien. Obwohl Darwin nicht gewollt hatte, dass seine Theorie so gedeutet wird!

Schon seit vielen Jahrzehnten ist wissenschaftlich bewiesen, dass es keine Menschenrassen gibt. Trotzdem lebt die Vorstellung bis heute in den Köpfen vieler Menschen weiter. Klassischer Rassismus ist, wenn jemand deinen Wert an Merkmalen misst, die du von deinen Eltern geerbt hast, zum Beispiel an deiner Haut-, Augen- oder Haarfarbe. Demselben Gedankengang zufolge würde die »Rasse« einer Person etwa verraten, wie intelligent, freundlich und gutherzig sie ist. Aber das ist absolut falsch!

Oft wurde die »Rassen«-Idee mit kulturellen und religiösen Vorurteilen vermischt. Beispiele dafür wären Aussagen wie »Schwarze Menschen sind dümmer als *weiße*« (stimmt nicht!) oder »Jüdische und muslimische Menschen sind Teil eines großen, bösen Plans, Europa einzunehmen« (stimmt auch nicht!). Im Laufe der Geschichte hat rassistisches Denken immer wieder dazu geführt, dass unzählige Menschen unterdrückt und umgebracht wurden. Zum Beispiel durch Sklaverei und im Holocaust.

In Norwegen wurde lange Zeit die samische Bevölkerung unterdrückt. *Sámi* durften in der Öffentlichkeit nicht mal ihre eigene Sprache sprechen, obwohl sie sich im eigenen Land befanden. Zum Glück ist das heute nicht mehr so. Trotzdem erleben viele Menschen samischer Herkunft, dass sie in Form von gemeinen Witzen verspottet werden, oder Kommentare zu ihrem Äußeren fallen. Das nennt man Alltagsrassismus.

> **Aufgabe**
>
> Frag eine erwachsene Person, was sie über Sklaverei und den Holocaust weiß!
>
> Was hast du schon gewusst? Hast du etwas Neues gelernt?

Vielleicht denkst du jetzt: Das alles hat doch nichts mit mir zu tun. Dass es Rassismus nur in den USA gibt, wo Nachrichten über Polizeigewalt, Demonstrationen, Amokläufe an Schulen und Diskriminierung an der Tagesordnung sind. Aber wer so denkt, macht es sich zu leicht.

Kolonialismus und Sklaverei hat es auch bei uns in Europa gegeben. Rassistisches Gedankengut existierte schon vor dem Holocaust und ist danach nicht einfach verschwunden. Noch heute kostet Rassismus viele Menschen das Leben.

Was ist Sklaverei?

Seit dem Altertum haben zahlreiche Zivilisationen Handel mit versklavten Menschen betrieben. Sklaverei gab es in Babylon, im antiken Griechenland und im Römischen Weltreich. Im Mittelalter war sie in Europa, Afrika und Asien verbreitet. Besonders bekannt ist jedoch der Handel mit Versklavten zwischen dem 16. und 19. Jahrhundert.

Damals gab es noch keine richtigen Weltkarten, und viele Menschen, vor allem aus Europa, brachen mit großen Schiffen auf, um die Welt »zu erkunden«. Als sie nach Afrika und Amerika kamen, glaubten sie, sie hätten neues Land entdeckt. Sie betrachteten die »neuen Kontinente« als ihr Eigentum, obwohl dort längst Menschen lebten! Die »eroberten« Länder nannten sie *Kolonien*. Stück für Stück wurde der gesamte amerikanische Kontinent kolonialisiert, also unterworfen, und zwar von Portugal, Spanien und Großbritannien. Andere europäische Länder, auch Deutschland, eroberten weite Teile von Afrika. Mit dem Kolonialismus begann auch der transatlantische Handel mit Versklavten.

Da die europäischen Kolonialmächte Arbeitskräfte für ihre Baumwoll- und Zuckerrohrplantagen brauchten, verschifften sie Menschen aus Westafrika nach Amerika. Sie betrachteten die versklavten Menschen aus Afrika als minderwertig und als Eigentum und zwangen sie zur Arbeit, ohne Lohn und unter schlechtesten Bedingungen. Erst 1865 schafften die USA unter Präsident Abraham Lincoln Sklaverei ab. Trotzdem waren Afroamerikaner*innen auch danach immer wieder Diskriminierung und Gewalt ausgesetzt.

Manche *Weiße* denken nämlich bis heute, das Land würde ihnen allein gehören.

Alle Geschichten über Sklaverei haben gemeinsam, dass die Menschen, die Land besitzen, auch die Macht haben. Die Macht zu bestimmen, wer Rechte hat und wer nicht. Bis heute ist es so, dass *Weiße* mehr Macht haben als *Nicht-Weiße*.

Struktureller Rassismus

Was Afroamerikaner*innen bis heute erleben, nennen wir *strukturellen Rassismus*. Aber es gibt ihn nicht nur in den USA, sondern überall auf der Welt. Auch bei uns in Europa. Was steckt hinter dem Begriff?

Strukturell leitet sich vom Wort Struktur ab, das beschreibt, wie eine Sache aufgebaut ist.

Wenn eine Struktur nur für eine bestimmte Personengruppe geschaffen wurde, ist es für alle außerhalb der Gruppe schwer, sie zu benutzen.

Stellen wir uns eine Struktur als ein Klettergerüst vor. Wer das Klettergerüst errichtet hat, hat sich dabei vielleicht an der Mehrheit orientiert und die Maße auf diese Mehrheit zugeschnitten. Zum Beispiel könnte das Klettergerüst für besonders große Menschen gebaut worden sein, so dass kleinere Personen es nicht benutzen können. Egal, wie sehr sie sich anstrengen, sie schaffen es einfach nicht bis nach oben. Obwohl das Gerüst für alle zugänglich ist und darauf rumklettern darf, wer mag. Ganz ähnlich ist es mit größeren, komplizierten Strukturen, zum Beispiel mit dem Schul- oder dem Gesundheitswesen. Die meisten Strukturen wurden für *weiße* Menschen geschaffen.

> **STRUKTURELLER RASSISMUS KANN BEDEUTEN ...**
>
> ... dass man sich in der Schule mehr anstrengen muss als andere, weil man zu Hause nicht so viel Hilfe bei den Hausaufgaben bekommt.
>
> ... dass man schneller auf die kriminelle Bahn gerät, weil in der näheren Umgebung keine guten Freizeitangebote zur Verfügung stehen.
>
> ... dass man keinen Job findet, weil man einen ausländisch klingenden Namen hat.

Redet miteinander!

Hat jemand in deinem Umfeld schon strukturellen Rassismus erlebt? Oder du selbst?

GANZ SCHÖN KOMPLIZIERT.
VIELLEICHT HILFT UNS EIN BEISPIEL.

Vor drei Jahren kamen ein somalischer Junge und seine Familie als Flüchtlinge nach Norwegen. Heute ist der Junge vierzehn, geht zur Schule und hat superschnell Norwegisch gelernt. Seine Eltern sprechen noch nicht so gut Norwegisch und können dem Jungen daher nicht bei den Hausaufgaben helfen. Eigentlich ist er ziemlich fleißig, aber weil er drei jüngere Geschwister hat und regelmäßig im Laden seines Vaters aushilft, kann er nicht in Ruhe Hausaufgaben machen. Deshalb werden seine Noten schlechter. In seiner Schule haben die meisten Kinder und Jugendlichen einen ähnlichen Hintergrund. Ihre Eltern sprechen kaum Norwegisch, und der Notendurchschnitt ist allgemein niedrig. Der Junge hat in der Schule keine Erfolgserlebnisse, und schließlich gerät er auf die kriminelle Bahn und wird festgenommen.

In den Nachrichten heißt es Junge mit Migrationshintergrund wegen Ladendiebstahls verhaftet, *und die Leute sagen Dinge wie:* »Typisch! Kinder mit Migrationshintergrund werden oft kriminell und sind schlecht in der Schule.«

Das System ist so konstruiert, dass die Schullaufbahn für den Jungen steiniger ist als für andere Jugendliche. Anfangs war er gut in der Schule, aber weil er zu Hause keine Hilfe bekam und nicht in Ruhe lernen konnte, verschlechterten sich seine Noten.

Oft heißt es, dass für alle Menschen dieselben Gesetze und Regeln gelten. Und irgendwie stimmt das auch. Aber das Problem ist, dass nicht alle Menschen die gleichen Chancen bekommen. Das Klettergerüst sieht für alle gleich aus. Aber das heißt nicht automatisch, dass alle bis nach oben klettern können.

WHITE PRIVILEGE

Dass es manchen Menschen leichter gemacht wird, das Klettergerüst raufzuklettern, ist nicht unbedingt böse gemeint. Es liegt eben daran, dass die Struktur auf die Mehrheit zugeschnitten wurde, und wer dazugehört, ist sich nicht immer bewusst, dass andere ausgeschlossen werden. Die das Sagen haben, merken oft nicht, dass die Strukturen für alle anderen Menschen nachteilig sind. In solchen Fällen sprechen wir oft vom »white privilege«, vom *weißen Privileg*. Wer selbst *weiß* ist, hat wahrscheinlich nie darüber nachgedacht, weil es nicht notwendig war. Wir können uns das Ganze wie ein Computerspiel mit mehreren Schwierigkeitsgraden vorstellen. Während *weiße* Personen auf einem niedrigen Schwierigkeitsgrad spielen (und vielleicht glauben, dass es nur diesen einen Schwierigkeitsgrad im Spiel gibt), ist der Schwierigkeitsgrad für alle Personen mit dunklem Hautton höher. Natürlich können sie das Spiel trotzdem meistern und vielleicht sogar gewinnen, aber sie müssen sich viel mehr anstrengen. In unserer Welt haben *Weiße* eine Art Spielvorteil gegenüber *Nicht-Weißen*. Deshalb ist es unheimlich wichtig, dass du mit allen, die du kennst, über strukturellen Rassismus sprichst. Egal, welche Hautfarbe sie haben. Nur wer begreift, dass das Klettergerüst auf eine bestimmte Personengruppe zugeschnitten ist, kann anfangen, umzudenken und Strukturen zu schaffen, die allen nutzen sollen. Alle Menschen, die es nicht an die Spitze des Klettergerüsts schaffen, wissen das schon. Aber diejenigen, die problemlos raufklettern können, sind sich oft nicht bewusst, dass andere ausgeschlossen bleiben.

Noch ein Beispiel:

Per und Hazan haben dieselbe Ausbildung mit gleich guten Noten abgeschlossen. Jetzt bewerben sie sich auf dieselben Jobs. Per wird zu zwanzig Vorstellungsgesprächen eingeladen, aber Hazan nur zu einem einzigen, weil er einen ausländisch klingenden Namen hat. Da Per zu zwanzig Vorstellungsgesprächen geht, stehen die Chancen für ihn besser, dass er einen gut bezahlten Job bekommt. Das wiederum macht es ihm leichter, Geld zu verdienen und eine schöne Wohnung zu mieten. Per und Hazan sind gleich gut ausgebildet, aber da Hazan zu weniger Vorstellungsgesprächen eingeladen wird, muss er am Ende einen schlecht bezahlten Job annehmen.

Das Klettergerüst ist für alle da. Aber siehst du, dass Per viel leichter raufklettern kann? Genau deshalb sind struktureller Rassismus und das »white privilege« so problematisch: Unterschiede, die sich schon früh im Leben bemerkbar machen, können Folgen bis ins Erwachsenenalter haben. Benachteiligungen, die im ersten Moment nicht so schlimm wirken, können schwerwiegende Konsequenzen haben und sich sogar auf die nächsten Generationen auswirken. Deshalb müssen wir strukturellen Rassismus unbedingt bekämpfen!

FATIMA: Mein Bruder Erfan arbeitet als Aushilfe in einem Altenheim. Dort trifft er oft auf Menschen, die nicht von ihm gepflegt werden wollen, weil er Moslem ist. Sie sagen, er sei »kein echter Norweger«. Mittlerweile ist es so schlimm, dass er fast nie für Aushilfsschichten eingeteilt wird.

ZACK: Redet denn niemand mit den alten Leuten? Und wieso kriegt Erfan keine Schichten mehr?

FATIMA: Wahrscheinlich sieht sich die Heimleitung nicht imstande, darüber eine Diskussion zu führen. Es ist eben leichter, Petter oder Lise einzuteilen.

TINASHE: Petter und Lise arbeiten ebenfalls als Aushilfen in dem Altenheim. Sie werden bei der Schichtenverteilung bevorzugt, daher ist es für sie leichter, Geld zu verdienen und zu sparen. *Das* nennt man Privileg. Wer sich seiner Privilegien bewusst wird, kann zur Lösung beitragen!

Was würdest du tun?

- Stell dir vor, du bist Petter oder Lise und jemand macht dich auf deine Privilegien aufmerksam. Wie reagierst du?

- Würdest du mit Erfan reden und ihm sagen, dass du die Situation unfair findest?

- Würdest du ihm anbieten, Schichten von dir übernehmen zu können?

- Würdest du von der Heimleitung fordern, die Aushilfsschichten in Zukunft gerecht zu verteilen?

- Würdest du die Heimleitung um ein Treffen bitten, um darüber zu sprechen, dass Erfan rassistisch diskriminiert wird, und Maßnahmen zu fordern, die den Arbeitsplatz für ihn sicherer machen?

WUSSTEST DU, DASS der Begriff »Rassismus« sich von »Rasse« ableitet? Von einem Wort, das wir eigentlich für Tiere benutzen? Biologisch betrachtet gibt es keine »Menschenrassen«. Wir sind alle eine riesengroße »Rasse«. Der Begriff »Menschenrasse« ist deshalb absolut falsch.

Okay. Lass uns sagen, alle blonden Menschen sind blöd und alle mit braunen Haaren supercool. Dann stell dir vor, deine Eltern wären blond und du hättest auch blonde Haare, und deshalb würdest du ständig diskriminiert. **Das ergibt absolut keinen Sinn!** Wenn wir doch wissen, dass wir im Innern alle gleich sind, warum werden manche Menschen trotzdem schlechter behandelt?

Aufgabe

Es ist ziemlich spannend, die eigenen Wurzeln zu erforschen! Zeichne einen Stammbaum und schau, wie weit du ihn zurückverfolgen kannst. Woher stammen deine Vorfahren? Aus einem anderen Land als dem, in welchem du lebst? Sprich mit deinen Eltern und Großeltern und finde mehr über deine Familie heraus!

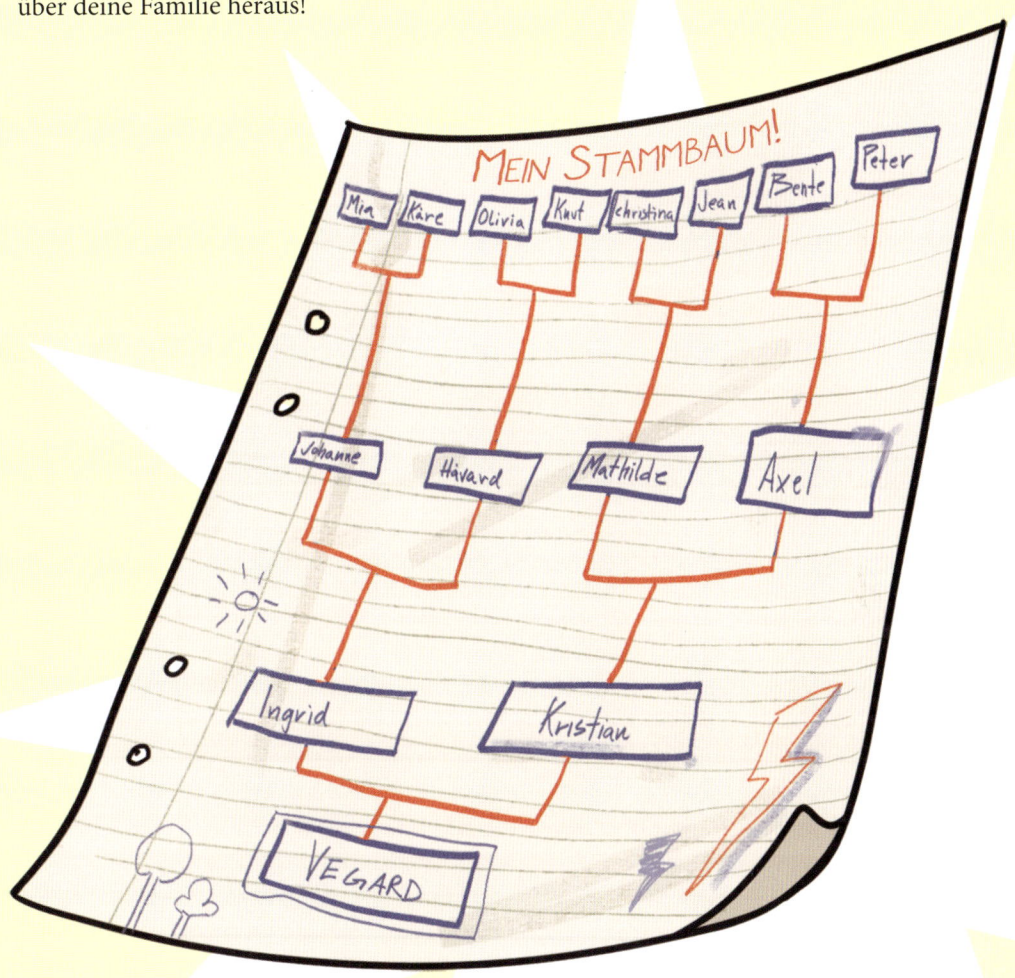

LINDA: Nicht so schnell. Ich finde es nicht so leicht zu verstehen, was Rassismus ist und wie er sich anfühlt.

THANDIE: Mich schockiert am meisten, dass man seit dem 20. Jahrhundert weiß, dass wir innen drin alle gleich sind. Und trotzdem erlebe ich heute Rassismus.

LINDA: Du hast schon Rassismus erlebt?

THANDIE: Das hat meine ganze Familie. Und meine Schwarzen Freundinnen und Freunde auch. Ich könnte dir jede Menge Beispiele aufzählen. Aber vor allem erinnere ich mich an einen Vorfall im Bus. Da hat eine Frau zu meiner Mutter gesagt, wir sollen dahin zurück, wo wir herkommen. »Norwegen ist für Norweger da«, meinte sie, »nicht für *Farbige*.«

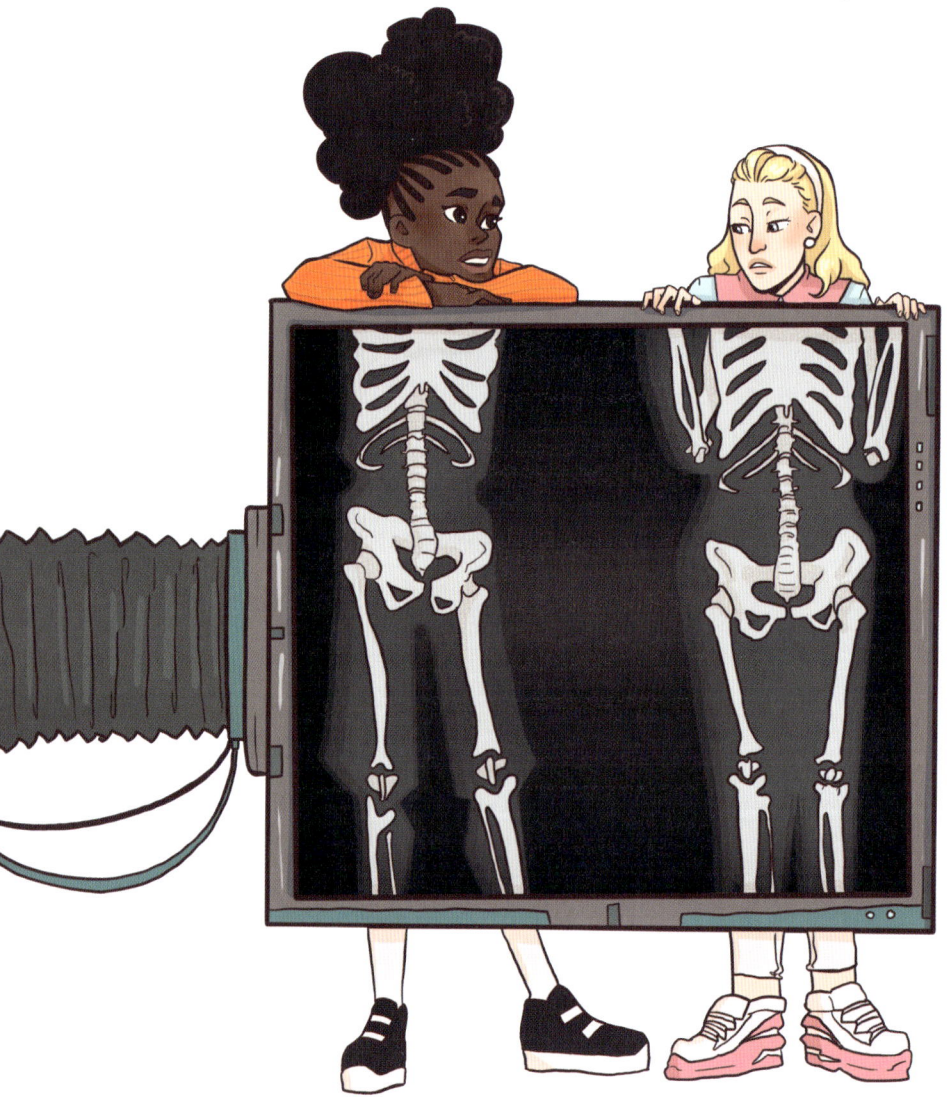

Mama hat versucht ihr zu erklären, dass man so was nicht sagt, aber die Frau hat einfach nicht aufgehört. Erst hat sie gefragt, ob wir überhaupt Norwegisch könnten, und dann meinte sie, Mama hätte doch hoffentlich nicht noch mehr Kinder, es gäbe nämlich schon viel zu viele »von uns« in der Welt. Mama bekam Tränen in die Augen und drehte sich weg. Die Menschen ringsherum auch. Obwohl der Bus voll war, hat niemand was gesagt oder eingegriffen. Mein Vater arbeitet als Elektriker und wird manchmal an der Tür weggeschickt, wenn er irgendwo arbeiten soll. Die Leute wollen ihn nicht in ihr Haus lassen, weil er Schwarz ist. Er wurde auch schon oft mit dem N-Wort beschimpft. Mir wird immer wieder gesagt, ich würde ja so gut Norwegisch sprechen. Oder die Leute fragen, wo ich herkomme, und wenn ich antworte: »Aus Oslo«, bohren sie weiter. »Aber woher kommst du *wirklich*?« Andauernd wird mir eingeredet, dass ich anders bin und keine richtige Norwegerin. Weil ich für die Leute nicht *weiß* genug bin.

TINASHE: Es macht mich so traurig, das N-Wort zu hören oder zu lesen. Das N-Wort ist ein schrecklicher Begriff, den manche Leute für Schwarze Menschen benutzen. So schrecklich, dass wir nur N-Wort sagen, wenn wir über den Begriff sprechen. Ich hoffe, dass er eines Tages ganz aus der Welt verschwindet und wir nicht mal mehr N-Wort sagen müssen!

LINDA: Oh! Heißt das … es ist nicht okay zu fragen, wo jemand herkommt? Ich interessiere mich nämlich für Erdkunde, also andere Länder und so weiter. Ich frage nicht, weil ich jemandem weh tun will, sondern weil ich neugierig bin … Und dass dein Norwegisch so gut ist, ist doch ein Kompliment, oder? Das hat nichts mit Hautfarbe und Rassismus zu tun.

THANDIE: Es ist völlig in Ordnung zu fragen. Aber es ist wichtig, *wie* man die Frage stellt. Wenn mich jemand fragt *Woher kommst du wirklich?*, fühlt sich das an, als würde ich hier nicht hingehören.

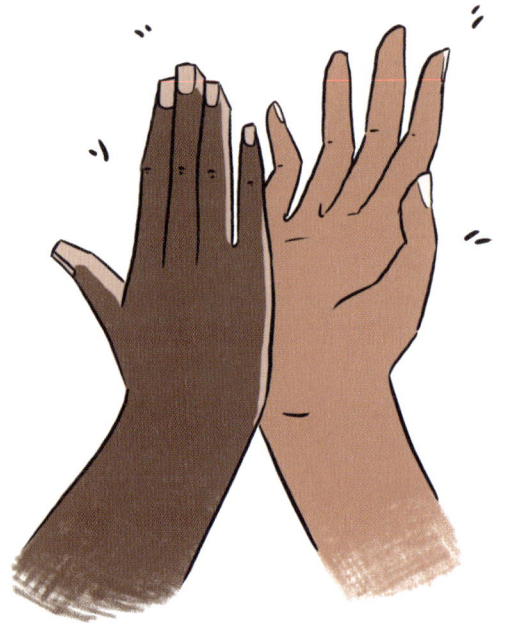

Als wäre ich nicht norwegisch genug. Aber wenn du mich fragst: *Wo liegen deine Wurzeln?*, fühle ich mich norwegisch und besonders, auf eine gute Art. Es ist die gleiche Frage, nur anders formuliert. Verstehst du den Unterschied? Wie oft hat dir jemand gesagt, dass *du* gut Norwegisch sprichst? Oder dich gefragt, woher du *wirklich* bist?

LINDA: Noch nie. *Du* lebst schon dein ganzes Leben hier und bist sozusagen viel »norwegischer« als ich. Und trotzdem musst du dir diese Fragen anhören, die mir niemand stellt … Ich krieg richtig Bauchweh bei dem Gedanken, dass dir das passiert und mir nicht …

TINASHE: Was glaubst du, warum das so ist? Rede mit Erwachsenen darüber, warum Thandie und Linda so unterschiedlich behandelt werden!

Was würdest du tun?

Was hättest du gemacht, wenn du mit Thandie und ihrer Mutter im Bus gesessen hättest?

- Wärst du aufgestanden und hättest der Frau erklärt: »So was sagt man nicht!«? Hättest du sie darauf aufmerksam gemacht, dass ihre Bemerkungen rassistisch und inakzeptabel sind?

- Hättest du an der nächsten Haltestelle den Busfahrer informiert?

- Hättest du Thandie und ihre Mutter gefragt, ob es ihnen gut geht, und ob du vielleicht etwas für sie tun kannst?

Wenn du nur eine Frage mit Ja beantworten kannst, ist das phantastisch! Extra-Punkte gibt's, wenn du alle mit Ja beantwortest. Das Wichtigste ist, dass du ETWAS tust.

»Es kommt eine Zeit,
in der Stille Verrat ist.«

MARTIN LUTHER KING JR.,
US-amerikanischer Bürgerrechtler

TINASHE: Nachdem ich als Kind immer wieder Rassismus erfahren habe, waren mein Selbstwertgefühl und mein Selbstvertrauen ziemlich angekratzt. Ich konnte mich nur schwer selbst akzeptieren und fühlte mich wertlos. Jeden Tag wurde ich daran erinnert, dass ich anders bin, und dass dieses Anderssein als etwas Negatives wahrgenommen wird. Rassismus kann den Betroffenen seelische Wunden zufügen. Es ist, als würdest du für etwas bestraft, das eigentlich etwas total Willkürliches ist – nämlich mit welcher Hautfarbe du geboren wurdest. Rassismus ist grausam und im schlimmsten Fall lebensgefährlich.

Für Menschen, die selbst nie Rassismus erlebt haben, ist die Schwere des Problems gar nicht so leicht nachzuvollziehen. Tausendmal habe ich Sätze gehört wie »Ich dachte, bei uns gibt's keinen Rassismus«, »Klar ist das blöd, aber hör doch einfach weg« oder »Aber ist Rassismus denn wirklich soooo ein Problem in Europa?«

Todesopfer rassistischer Gewalt

Am 22. Juli 2011 kamen 77 Menschen bei Terroranschlägen im Regierungsviertel von Oslo und auf der Insel **Utøya** ums Leben. Die Opfer waren Angestellte und Besucher des Regierungsviertels sowie Jugendliche, die an einem Sommercamp der Jugendorganisation der sozialdemokratischen Arbeiderpartiet teilnahmen. Verübt wurden die Anschläge von dem rechtsextremen Attentäter Anders Behring Breivik. Er brachte die Jugendlichen um, weil er islamfeindlich und deshalb der Meinung war, die norwegische Arbeiderpartei lasse zu viele muslimische Zuwanderer ins Land. Breivik wurde zu 21 Jahren Haft verurteilt.

Am 15. März 2019 tötete der Rechtsterrorist Brenton Tarrant bei einem Anschlag auf zwei Moscheen in **Christchurch** in Neuseeland 51 Menschen. Nie zuvor hatte es in Neuseeland eine Tat mit derart vielen Todesopfern gegeben. Tarrant erklärte, seine Inspiration seien Breiviks Terroranschläge gewesen. 2020 wurde er zu lebenslanger Haft verurteilt.

Eines der ersten bekannten Todesopfer rechtsextremer Gewalt im wiedervereinten Deutschland heißt **Amadeu Antonio**. Er wurde in Angola geboren und kam als Vertragsarbeiter nach Deutschland. Am 24. November 1990 wurde er von einer Gruppe rechtsextremer Jugendlicher in Eberswalde ins Koma geprügelt. Während der Tat hielt sich eine Gruppe von 20 Polizisten in der Nähe auf, aber niemand griff ein. Einige Tage nach der Tat erlag Amadeu

Antonio seinen schweren Verletzungen. Er wurde nur 28 Jahre alt. Die Täter wurden zu Bewährungs- und maximal vierjährigen Haftstrafen verurteilt.

Im **August 1992** wurden über mehrere Tage ein Asylbewerber*innenheim und eine Unterkunft für vietnamesische Vertragsarbeiter*innen im Rostocker Stadtteil Lichtenhagen angegriffen. Tausende Schaulustige sahen zu und manche applaudierten sogar. Die **Ausschreitungen von Rostock-Lichtenhagen** gelten als die massivsten rassistisch motivierten Angriffe in Deutschland nach Ende des Zweiten Weltkriegs.

Um 1999 gründeten Uwe Mundlos, Uwe Böhnhardt und Beate Zschäpe eine neonazistische Vereinigung namens **NSU** (Nationalsozialistischer Untergrund), in der sie von vielen Helfer*innen unterstützt wurden. Zwischen 2000 und 2007 ermordeten sie aus rassistischen Motiven neun Menschen sowie eine Polizistin. Dass der **NSU** erst 2011 öffentlich bekannt wurde, ist auf das Versagen der deutschen Sicherheitspolitik zurückzuführen.

Ein rechtsextremer Terrorakt in jüngster Vergangenheit ist der rassistische **Anschlag in Hanau**, bei dem 2020 neun Menschen getötet wurden. Anschließend erschoss der Täter seine Mutter und sich selbst.

Redet miteinander!

Das sind eine Handvoll Beispiele dafür, wie gefährlich Rassismus sein kann. Die Mutter eines Täters, der aus rassistischen Motiven heraus einen Menschen umgebracht hatte, sagte nach der Tat, sie hätte die rassistischen Ansichten ihres Sohns früh der Polizei melden sollen. Vielleicht hätte sie dem Opfer damit das Leben gerettet.

Was können wir tun, wenn wir wissen, dass jemand gefährliche Überzeugungen hat? Den Auftrag, Extremismus und Terrorismus zu bekämpfen, hat in Deutschland die Polizei. Das Bundesamt für Verfassungsschutz sammelt und wertet zudem Informationen aus. Auf dessen Webseite www.verfassungsschutz.de findet sich auch eine Telefonnummer für Hinweise bei Verdachtsfällen zu Extremismus und Terrorismus.

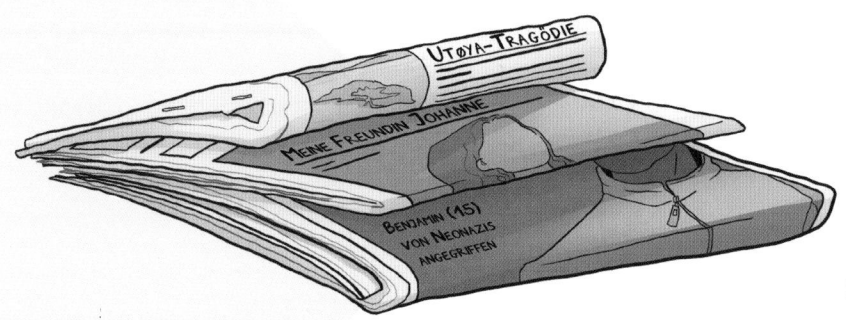

Du hast Angst vor Menschen mit Schleier,
ich sag dir, ich fühl das.
Ich hab die gleiche Angst vor Typen
mit Polohemd, Halstuch und Slickback.
Alle sehen zu, niemand traut sich,
was zu sagen.
Das ist aus der Welt geworden,
du musst Scheiß abkönnen,
niemand hat gesagt, es wird leicht.
Ganz egal,
ob du in 'nem schicken Auto vorfährst.
Ich hab VISA, Pass und Skier,
aber alle wollen die Quittung sehen.

Aus »Gunerius« von AMAMNDA DELARA,
norwegische Sängerin

WUSSTEST DU, DASS Rassismus illegal ist? Die 46 Mitgliedsstaaten des Europarats haben Regeln zur Bestrafung von Hasskriminalität erlassen, und fast jedes Land hat eine Antidiskriminierungsstelle eingerichtet. In Deutschland wurde 2006 das Allgemeine Gleichbehandlungsgesetz beschlossen, das Benachteiligungen wegen der ethnischen Herkunft, des Geschlechts, der Religion oder Weltanschauung, einer Behinderung, des Alters oder der sexuellen Identität verhindern soll. Rassist*in zu sein ist nicht »nur« bescheuert, sondern kann auch zu Geld- und Gefängnisstrafen führen!

Die Ermordung von Amadeu Antonio und der Anschlag in Hanau sind Folgen von Rassismus, Fremdenangst und Hass.

Rassistisches Denken ist nicht nur gemein, es gefährdet auch Menschenleben. Solange wir zulassen, dass sich diese Anschauungen weiter ausbreiten, stehen Menschenleben auf dem Spiel. Indem wir Antirassist*innen sind, können wir Leben retten!

Hautfarbe – was ist das?

Welche *Hautfarbe* wir haben, wird vor allem durch die Konzentration des Pigments *Melanin* in unserer Haut bestimmt. Von Hellrosa bis hin zu Dunkelbraun gibt es alles. Dunkle Haut hat nicht mehr Pigmentzellen als helle Haut, aber der Melaningehalt ist höher.

WUSSTEST DU, DASS »melaninreiche Menschen« sechsmal so viel Sonnenlicht brauchen wie Menschen mit heller Haut, damit ihr Körper genug Vitamin D bilden kann? Wenn sie an sonnenarmen Orten leben, wird ihnen deshalb zu Vitamin-D-Präparaten geraten!

> JE MEHR MELANIN DU IN DEINER HAUT HAST, DESTO DUNKLER IST SIE. DESHALB NENNE ICH MENSCHEN MIT DUNKLER HAUT GERN »MELANINREICH«. ANDERE BEZEICHNEN SICH LIEBER ALS SCHWARZ ODER PERSON/PEOPLE OF COLOR (KURZ: POC).

Außerdem hängt die Hautfarbe mit Geographie zusammen, weil sie davon beeinflusst wird, wie sonnig der Ort ist, wo man lebt. Rund um den Äquator gibt es das ganze Jahr über viel Sonne, und Menschen, deren Wurzeln in diesen Gegenden liegen, haben oft dunklere Haut. Auch Menschen aus besonders schneereichen (den arktisch geprägten) Regionen haben meist einen dunklen Teint, weil der Schnee das Sonnenlicht reflektiert.

Die dunklere Haut ist eine Art Schutz gegen das Eindringen energiereicher UV-Strahlen, so wie Sonnencreme. Man könnte sagen, die Haut beschützt sich selbst.

Die Forschung hat herausgefunden, dass sich die ersten modernen Menschen (*homo sapiens*) in Afrika entwickelten. In den Ländern Tschad, Äthiopien, Kenia und Tansania wurden mindestens 200 000 Jahre alte Fossilien (Überreste von Lebewesen) von homo sapiens gefunden, und erst vor etwa 100 000 Jahren sind die Menschen in Richtung Norden gewandert. Im Laufe der Zeit veränderte sich auch ihre Haut. Unter anderem, weil die Menschen in Nordeuropa nicht so vielen UV-Strahlen ausgesetzt waren. Von Generation zu Generation wurde die Haut heller, so dass der Körper leichter Vitamin D bilden konnte.

THANDIE: Ich weiß noch, wie ich das erste Mal dachte, mit meiner Hautfarbe wäre etwas »falsch«. Ich war im Kindergarten, meine Gruppe saß rings um einen Tisch, und wir sollten uns selber malen. Sofort schnappten sich alle die Buntstifte mit der Farbe, die sie »Hautfarbe« nannten. Im Kindergarten waren alle total besessen davon, Kackhäufchen in allen möglichen Formen zu malen, und dazu benutzten sie die Farbe, die *ich* für mein Gesicht brauchte. Die Farbe, die angeblich »hautfarben« war, sah meiner Haut überhaupt nicht ähnlich. Deshalb dachte ich, mit meiner Hautfarbe sei irgendwas falsch. In dem Moment tat es das erste Mal weh, dass ich so aussehe.

TINASHE: Stell dir vor, es gibt nur eine einzige Farbe, die *Hautfarbe* genannt wird. Aber deinem Hautton sieht sie überhaupt nicht ähnlich. Wie fühlst du dich damit?

Wir müssen aufhören, bestimmte Buntstifte, Strumpfhosen, Pflaster und andere Dinge als *hautfarben* zu bezeichnen, weil es jede Menge *Hautfarben* gibt. Benutzen wir den Begriff nur für einen einzigen Hautton, schließen wir alle anderen Hauttöne automatisch aus. Das ist nicht okay! Wenn du eine Farbe beschreiben willst, die deiner Haut ähnelt, sag doch statt *hautfarben* einfach: »eine Farbe in meinem Hautton«.

TINASHE: Dass es viele unterschiedliche Hautfarben gibt, finden viele Menschen sehr spannend. Ihre Neugier kann manchmal zu Situationen führen, die sich für die Betroffenen unangenehm und übergriffig anfühlen, obwohl keine böse Absicht dahintersteckt. Ich will dir von dem Tag erzählen, als ich in eine neue Klasse kam. Davor war ich auf eine große Schule in Oslo gegangen, wo wir dreißig Kinder in einer Klasse waren, mit allen möglichen Nationalitäten und Hautfarben. Aber jetzt zog meine Familie in einen kleinen Ort, der weiter weg von Oslo lag. Dort waren wir

SO SEHEN »HAUTFARBENE« BUNTSTIFTE AUS:

gerade mal vierzehn in der Klasse, und in der ganzen Schule sah niemand aus wie ich. Als ich am ersten Morgen meinen neuen Klassenraum betrat, bekamen die anderen bestimmt einen Schock – und ich bekam auch einen. Da stand ich, die einzige Schwarze in der Schule, und betrachtete meine *weiße* Klasse. Besonders die erste Pause ist mir in Erinnerung geblieben. Ich stand auf dem Schulhof, und irgendwann kam ein Mädchen auf mich zu. Sie lächelte und fragte nach meinem Namen. Dann passierte etwas Seltsames: Sie streckte die Hand aus, berührte mein Gesicht und strich mir ein paarmal über die Wange. Danach sah sie ihre Hand an und sagte: »Oh, du färbst ja gar nicht ab.«

Ich weiß noch, dass ich dachte: »Oh Mann, das wird noch interessant!« – aber dann klingelte es zum Pausenende. Obwohl das Mädchen bestimmt nicht gemein sein wollte, fühlte ich mich wie ein Tier im Zirkus. Das Ganze ist Mitte der neunziger Jahre passiert. Seitdem hat sich schon viel getan.

WIE KÖNNEN WIR AUF EINE POSITIVE WEISE ÜBER UNSERE UNTERSCHIEDE SPRECHEN?

Denk dran!

Deine Hautfarbe verrät anderen nichts darüber, wer du als Person bist!

TINASHE: Erinnerst du dich, dass wir vorhin über strukturellen Rassismus gesprochen haben? Beim Thema Hautfarbe stoßen wir schon wieder auf das Problem, dass viele Strukturen nur für bestimmte Personengruppen geschaffen werden. Zum Beispiel hat es ziemlich lange gedauert, bis »hautfarbene« Produkte (Pflaster, Strumpfhosen, Buntstifte, Make-up…) in unterschiedlichen Farbtönen produziert wurden und nicht nur für Menschen mit heller Haut. Hast du mal darüber nachgedacht, dass die beigefarbenen Pflaster, die du in jeder Drogerie kaufen kannst, auf dunkler Haut sofort auffallen? Dabei wurde die Farbe doch ursprünglich ausgesucht, damit Pflaster möglichst nicht zu sehen sind.

Es gibt also viele verschiedene Hauttöne, und der Melaningehalt bestimmt, wie dunkel die Haut ist. Historisch gesehen stammen Menschen mit dunkler Haut aus Gegenden in Äquatornähe und den arktisch geprägten Regionen. Das Melanin sollte die Haut vor der starken Sonne schützen, wie eine Art natürlicher Lichtschutzfaktor. Menschen mit dunklem Teint sind also besonders gut an starke UV-Strahlen angepasst. Mittlerweile leben Menschen mit allen Hautfarben über die ganze Welt verstreut, und die Hautfarbe einer Person verrät nichts über ihren Geburtsort. Wenn wir ganz weit in der Geschichte zurückgehen, stammen wir sowieso alle aus derselben Region. Stell dir vor, vor 100 000 Jahren – welthistorisch gesehen nur ein Wimpernschlag – hatten alle Menschen dunkle Haut.

LINDA: Im Sommer wird meine Mutter ganz schnell braun, wenn sie sich sonnt. Heißt das, wir haben nicht nur schwedische Wurzeln?

TINASHE: Nicht unbedingt. Wenn du viel Zeit in der Sonne verbringst, greifen die UV-Strahlen irgendwann die unteren Hautschichten an. Dein Körper versucht, dich vor der Sonne zu schützen, indem er Melanin produziert. Das Pigment färbt deine Haut dunkler und lässt sie gebräunt wirken. Ich werde oft gefragt, ob ich auch Sonnenbrand bekommen kann. Klar kann ich das! Dunkle Haut verträgt die Sonne zwar besser, aber einen Sonnenbrand können wir alle kriegen. Umso wichtiger ist es, dass wir uns gründlich mit Sonnenmilch eincremen!

LINDA: Mit ist aufgefallen, dass Fußsohlen und Handflächen immer hell sind. Egal, welche Hautfarbe ein Mensch hat. Woran liegt das?

TINASHE: Weil wir dort weniger Pigmentzellen haben. Achte mal drauf: Selbst wenn du im Sommer viel Zeit in der Sonne verbringst, bleiben deine Handflächen und Fußsohlen hell.

Aufgabe

Besorg dir zwei Gläser und zwei Eier, ein weißes und ein braunes. Schlag das weiße Ei über dem einen Glas auf und das braune über dem anderen. Siehst du einen Unterschied?

Und weil man Lebensmittel nicht verschwendet: Brat dir mit den aufgeschlagenen Eiern doch schnell ein Omelett! Neben den Eiern brauchst du dafür folgende Zutaten:

2 Esslöffel Milch
¼ Teelöffel Salz
1 Esslöffel Butter
1 klein geschnittene Tomate
1 kleine Handvoll geriebenen Käse

Zubereitung:
- Eier, Milch und Salz miteinander verquirlen.

- Die Butter in einer Pfanne schmelzen lassen, bis sie schön brutzelt. Die verquirlten Eier in die Pfanne geben.

- Die Eiermasse ein paarmal mit einem Pfannenwender zur Pfannenmitte schieben. So bekommen die flüssigen Eier genug Hitze ab.

- Kurz vor Ende Tomate und Käse hinzufügen. Dann das Omelett zur Hälfte umklappen und auf einem Teller geben. Guten Appetit!

Vorurteile

Als Vorurteile bezeichnet man Ansichten und Urteile über eine Personengruppe, die nicht realitätsgerecht sind. Die meisten Vorurteile sind negativ geprägt, und sie entstehen, weil man nicht so viel über das Vorurteilsobjekt, die Person oder die Personengruppe, weiß.

Ein Beispiel: Am Flughafen durchsucht ein Sicherheitsbeamter eine Person of Color extra gründlich, weil er glaubt, People of Color würden häufiger stehlen.

Vorurteile entsprechen fast nie der Wahrheit.

Stereotype

Als Stereotyp bezeichnet man die Vorstellung, dass alle Mitglieder einer bestimmten Gruppe gleich sind. Oft geht es dabei um Nationalität, ethnische Herkunft, Geschlecht oder Hautfarbe. Beispiele für gängige Stereotype wären, dass alle Menschen aus Asien gut in Mathe sind, dass People of Color besonders toll tanzen, oder dass Jungs nur mit Autos und Mädchen nur mit Puppen spielen.

FREMDENFEINDLICHKEIT

Fremdenfeindlichkeit bedeutet, Furcht oder Abneigung gegenüber Fremden zu empfinden. Viele fremdenfeindliche Menschen fürchten sich vor anderen Kulturen und Personen mit einer anderen Hautfarbe als der eigenen. Am liebsten möchten sie sich vor allem Fremden fernhalten. Oft entsteht Fremdenfeindlichkeit aus Unwissen, deshalb kann es helfen, die Fremden besser kennenzulernen. Fremdenfeindliche Menschen sagen manchmal Dinge wie: »Die Ausländer nehmen uns die Arbeitsplätze weg!«

Stereotype und Vorurteile unterscheiden sich dadurch, dass sich Stereotype häufiger ändern, während Vorurteile etwas Feindseliges haben und sich nicht so leicht abbauen lassen. Zusammengefasst können wir sagen: Alle Vorurteile sind Stereotype, aber nicht alle Stereotype sind Vorurteile.

VAISHALI: Mir ist schon klar, dass Vorurteile blöd sind. Aber warum ist es schlimm anzunehmen, dass jemand gut in Mathe ist oder toll tanzt? Verstehe ich da was falsch?

TINASHE: Vielleicht wirken die Beispiele für Stereotype harmlos. Aber sie führen dazu, dass Personen aufgrund ihrer Hautfarbe oder Herkunft in Schubladen gesteckt werden. Andere danach zu beurteilen, wie sie aussehen, ist oberflächlich und falsch. Stell dir vor, du hast asiatische Wurzeln, aber Probleme in Mathe. Oder du bist wie ich und hast melaninreiche Haut, aber beim Tanzen zwei linke Füße. Fast alle Vorurteile und viele Stereotype sind negativ geprägt, aber ich mag jetzt keine Beispiele wiederholen. Das Wichtigste ist: Wir dürfen Menschen nicht nach äußerlichen Merkmalen beurteilen. Vorurteile werden oft durch das Umfeld geprägt, in dem man sich befindet.

Über Vorurteile

Der Begriff »Vorurteil« setzt sich aus zwei Wörtern zusammen: *vor* und *Urteil*. Man beurteilt eine Person, bevor man sie kennenlernt. Weil man nichts über die Person weiß, vielleicht noch nie mit ihr geredet hat, stützt man das Urteil allein auf äußere Merkmale. Nicht alle Vorurteile sind rassistisch motiviert. Sie können sich auch auf andere Merkmale beziehen. Stell dir vor, du siehst in der U-Bahn eine Person mit alten, zerschlissenen Kleidern, die ein bisschen komisch riecht. Was geht dir durch den Kopf? Dass die Person nicht viel Geld hat, vielleicht sogar obdachlos ist? Wenn du das denkst, folgst du einem Vorurteil. Vorurteile können zum Beispiel auch Behinderungen betreffen. Vielleicht hast du mal jemanden im Rollstuhl gesehen und gedacht, die Person könne keinen Sport treiben? Auch das ist ein Vorurteil. Aufgrund äußerer Merkmale hast du Rückschlüsse darauf gezogen, wer die Person ist.

Es ist wichtig zu erwähnen, dass Vorurteile manchmal auch als eine Art Schutzmechanismus funktionieren. Wenn ein Mädchen im Dunkeln unterwegs ist und besonders vorsichtig wird, wenn es einen Mann hinter sich bemerkt, beschützt es sich selbst. Aber in den allermeisten Zusammenhängen sind Vorurteile diskriminierend, verletzend und schädlich.

Ich kenne ein schönes Wort: *Vertrauensvorschuss*. Das bedeutet, du gehst vom Besten aus, solange du etwas noch nicht ganz sicher weißt. Wenn du zum Beispiel einer fremden Person begegnest und vermutest, dass sie zu einer bestimmten Gruppe gehört, stellst du dir selbst die Frage: Woher kann ich wissen, ob die Person wirklich so ist? Ich weiß doch nur, wie sie aussieht! Deshalb: Gib ihr einen Vertrauensvorschuss!

Redet miteinander!

Hast du Vorurteile gegenüber einer Person? Woher kommen die Vorurteile?

WARUM SIND REPRÄSENTATION UND VIELFALT SO WICHTIG?

Von *kultureller Vielfalt* (oder Diversität) spricht man zum Beispiel dann, wenn Personen aus verschiedenen Kulturen und mit verschiedenen Hautfarben im Fernsehen, in Büchern, Zeitungen usw. repräsentiert werden.

TINASHE: Seit ich erwachsen bin, frage ich mich, warum ich früher so viel Zeit damit verbracht habe, mir lange blonde Haare, blaue Augen und eine schmale Nase zu wünschen. Meine vollen Lippen und krauses Haar habe ich damals gehasst, und meine Nase fand ich viel zu breit. Aber woher kamen diese Gefühle? Im Fernsehen und in Zeitschriften sah niemand aus wie ich. Meine Puppen waren allesamt *weiß*, weil es keine anderen Puppen gab. In Schulbüchern kamen immer nur Namen wie Lise oder Magnus vor. Die Schönheitsideale, die verbreitet wurden, hatten nichts mit mir zu tun.

Vielfalt ist wichtig! Und zwar nicht nur, damit alle Kinder of Color »da draußen« sich gesehen fühlen, sondern auch damit *weiße* Kinder andere Hautfarben sehen und lernen, dass Schwarze Hauptfiguren im Kino oder in Büchern genauso selbstverständlich sein sollten wie *weiße*.

Wenn du das nächste Mal einen Film oder eine Serie schaust, ein Buch liest oder

in einer Zeitschrift blätterst, denk einen Moment lang nach: Wie viel kulturelle Vielfalt wird gezeigt? Welche Hautfarbe(n) haben die Haupt- und Nebenfiguren?

Vielfalt und Repräsentation sind nicht nur im Fernsehen, in Büchern, Zeitschriften und in den Sozialen Medien wichtig, sondern auch im richtigen Leben. Wie divers ist dein Freund*innenkreis? Und der deiner Eltern? Wie viel Vielfalt siehst du in deiner Straße und in deinen Lieblingsgeschäften? Vielfalt ist wichtig, damit wir uns alle in sämtlichen Lebensbereichen repräsentiert fühlen können. Nur so bekommen wir eine vielfältige Gesellschaft.

Bei Diversität geht es übrigens nicht nur um Hautfarbe, sondern auch um Geschlecht, Religion, Sexualität, Behinderungen und Sprache. Wir sind alle unterschiedlich, und für jede*n ist genug Platz! Vielfalt bereichert unsere Gesellschaft auf vielerlei Weisen. Stell dir vor, was für eine langweilige Welt wir hätten, wenn alle gleich wären!

Sei wachsam, setz ein Zeichen! Wenn du das nächste Mal ein Geschenk für deine kleine Schwester oder deinen kleinen Bruder in einem Geschäft aussuchst, achte darauf, wie viele *nicht-weiße* Puppen im Regal stehen und wie viele Bücher kulturelle Vielfalt zeigen. Wenn es noch nicht reicht, kannst du ein Zeichen setzen. Bitte an der Kasse darum, dass das Geschäft mehr diverse Bücher und Puppen ins Sortiment nimmt! Wenn wir das alle tun, müssen die Geschäfte irgendwann auf uns hören. So werden eines Tages alle Hautfarben repräsentiert.

Auf welche Weise bereichert kulturelle Vielfalt die Gesellschaft DEINER MEINUNG NACH?

LINDA: Ich hab zwei Mütter und würde im Fernsehen gern mal eine Familie wie meine sehen. In den meisten Serien und Filmen gibt's immer Mutter und Vater oder ein alleinerziehendes Elternteil. Familien mit zwei Mamas oder Papas kommen fast nie vor.

JASMINE: Darüber hab ich noch nie nachgedacht! Ich sehe im Fernsehen ständig Familien wie meine, mit einer Mutter und einem Vater. Klar ist es wichtig, dass auch andere Familien gezeigt werden!

LINDA: Ich kann total verstehen, dass du dir noch nie Gedanken darüber gemacht hast. Das heißt nicht, dass du Familien wie meine nicht akzeptierst oder gemein bist. Es ist eben ein Privileg, dass du nie darüber nachdenken musstest. Aber ich würde mich nicht so ausgeschlossen und allein gelassen fühlen, wenn ich in Filmen, Serien und Zeitschriften auch mal Familien wie meine sehen würde. Und natürlich auch ganz andere Familienformen! Es ist superwichtig, dass wir uns für Diversity einsetzen, damit sich alle zu Hause fühlen. Buchstäblich!

In manchen Gegenden und Stadtvierteln sieht man nicht so viele Menschen aus anderen Ländern und Kulturen. Wer dort lebt, muss die Augen eben noch ein bisschen weiter aufmachen, um zu erkennen, wie vielfältig die Gesellschaft ist. Denn das ist sie!

Dieses Bingo-Spiel kannst du mit einer Freundin oder einem Freund spielen, wenn ihr einen Film oder eine Serie schaut. Bekommt ihr eine Viererreihe voll?

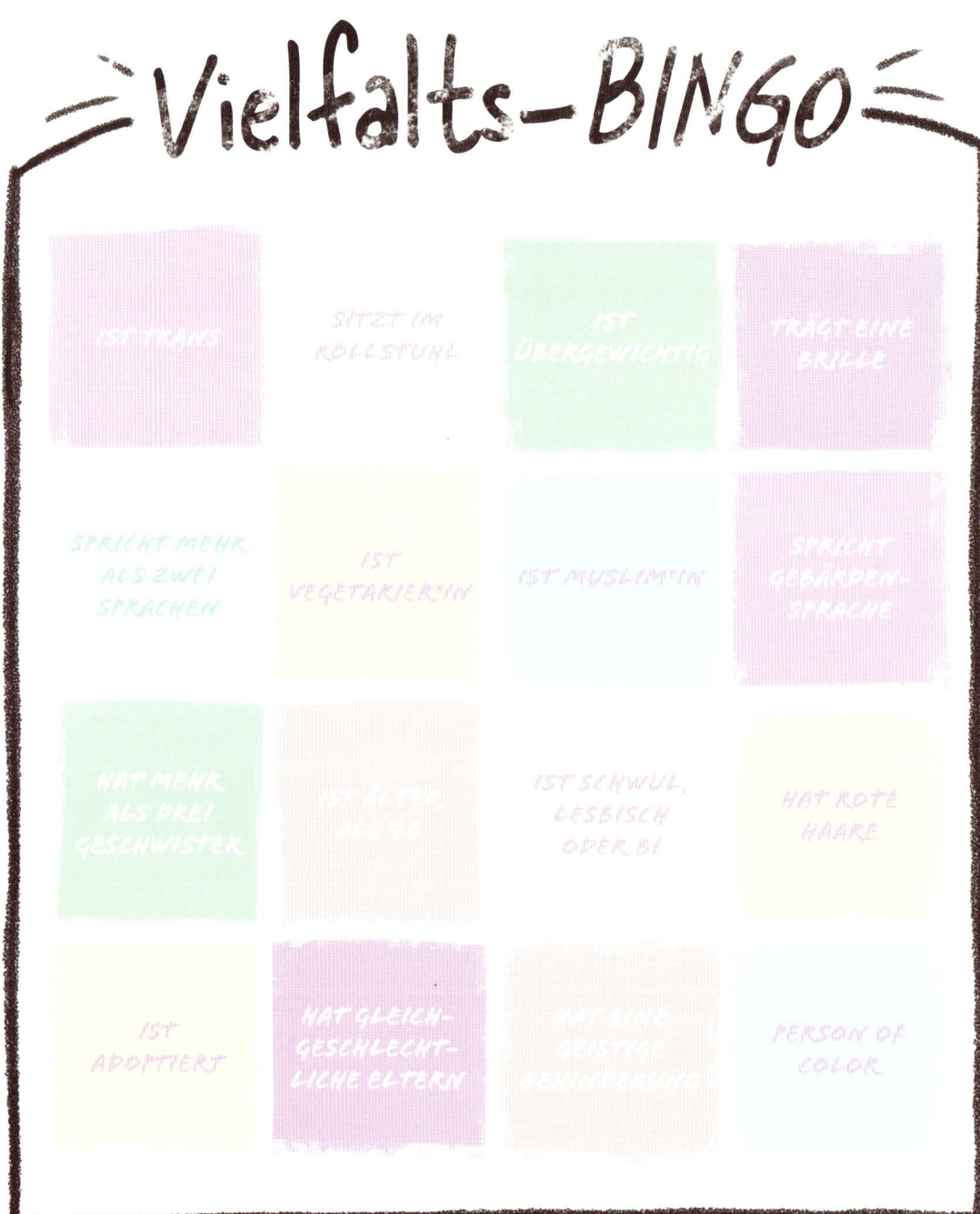

LINDA: In der Schule sollten wir mal alle Gerichte aufschreiben, die wir in der letzten Woche gegessen hatten. Anschließend sollten wir überlegen, wie viele davon aus anderen Ländern stammen. Da hab ich kapiert, wie wichtig Vielfalt ist. Stell dir vor, ohne Immigration und Vielfalt gäb's bei uns keine Pizza, keinen Döner und keine Tacos!

Aufgabe

Frag Familienmitglieder und Freund*innen nach ihrem Lieblingsessen. Aus welchen Ländern stammen die Gerichte?

»Sei du selbst die Veränderung,
die du dir wünschst für diese Welt.«

MAHATMA GANDHI,
indischer Freiheitskämpfer

Wenn wir über Rassismus sprechen, konzentrieren wir uns oft auf Unterschiede. Dabei macht es viel mehr Spaß zu überlegen, was wir gemeinsam haben. Schau dir das Bild an und überlege, welche Gemeinsamkeiten die Jugendlichen haben.

Redet miteinander!

Was bedeuten Vielfalt und Diversität für DICH?

ALLYS – TRETET VOR!

Sich mit jemandem zu *verbünden* bedeutet, zusammen auf ein Ziel hinzuarbeiten. Auf Englisch heißt Verbündete*r *Ally* (Plural: *Allys*). Was ist der beste Weg, um im Kampf gegen Rassismus ein Ally zu werden?

SAMMY: Ich gehe immer zusammen mit Freunden zur Schule. Einmal kamen wir an einer Gruppe älterer Jungs vorbei. Sie versperrten uns den Weg und fragten: »Was stinkt hier so nach Gewürzen?« Meine Freunde und ich wussten nicht, was sie meinten, also zuckten wir bloß die Schultern. Da sagte einer der Älteren ganz laut: »Bestimmt der *Kanake*!«, und dabei guckte er in meine Richtung. Seine Kumpel fingen an zu lachen und sahen mich auch an. Ein paar Sekunden standen sie so da, dann gingen sie endlich weg. Ich starrte nur auf den Boden.

Mein bester Freund drehte sich weg, mein anderer Kumpel holte sein Handy raus, und der Dritte fragte, ob wir später auf den Bolzplatz wollten.

Meine Freunde sagten kein Wort über den Vorfall. Weder zu den älteren Jungs noch zu mir. Ich habe mich noch nie so allein gelassen gefühlt.

VEGARD: Wenn's um Rassismus geht, fällt es mir oft schwer, was zu sagen. Ich hab das Gefühl, ich kann nichts Wertvolles beitragen. Ich will wirklich helfen, vor allem wenn jemand diskriminiert wird, aber es fühlt sich irgendwie falsch an. Als würde mich das nichts angehen. Obwohl wenn ich den Mund aufmachen will, komme ich mir so machtlos vor.

SAMMY: Das Schlimmste war, dass meine Freunde geschwiegen haben. Ich kann verstehen, dass sie sich nicht mit den Älteren anlegen wollten, die wirkten unheimlich – aber zu mir haben sie ja auch nichts gesagt. Ich weiß, dass sie immer auf meiner Seite sind, aber ich kam mir so dumm, so allein vor, als hätten sie mich verraten. Sie hätten wenigstens fragen können, ob es mir gut geht, oder ob wir irgendwo hingehen sollen.

VEGARD: Zu ihrer Verteidigung: Sie wussten bestimmt nicht, wie sie in so einer Situation reagieren sollen, und deshalb haben sie lieber gar nichts gemacht. Ich kenne das von mir selber. Wäre ich dabei gewesen, was hätte ich tun können?

»Niemand wird geboren, um einen anderen Menschen zu hassen. Menschen müssen zu hassen lernen, und wenn sie zu hassen lernen können, dann kann Ihnen auch gelehrt werden zu lieben, denn Liebe empfindet das menschliche Herz viel natürlicher als ihr Gegenteil.«

NELSON MANDELA,
südafrikanischer Präsident

TINASHE: Allys unterstützen dich auch bei Themen, die sie nicht selbst betreffen. Rassismus, Vorurteile und Fremdenangst gehen nicht nur People of Color an, sondern uns alle. Wir können die Probleme nur lösen, wenn ALLE mithelfen.

HIER KOMMEN SECHS VORSCHLÄGE, WIE DU EIN GUTER ALLY SEIN KANNST. MACH MIT, ALLE SOLLTEN ALLYS SEIN!

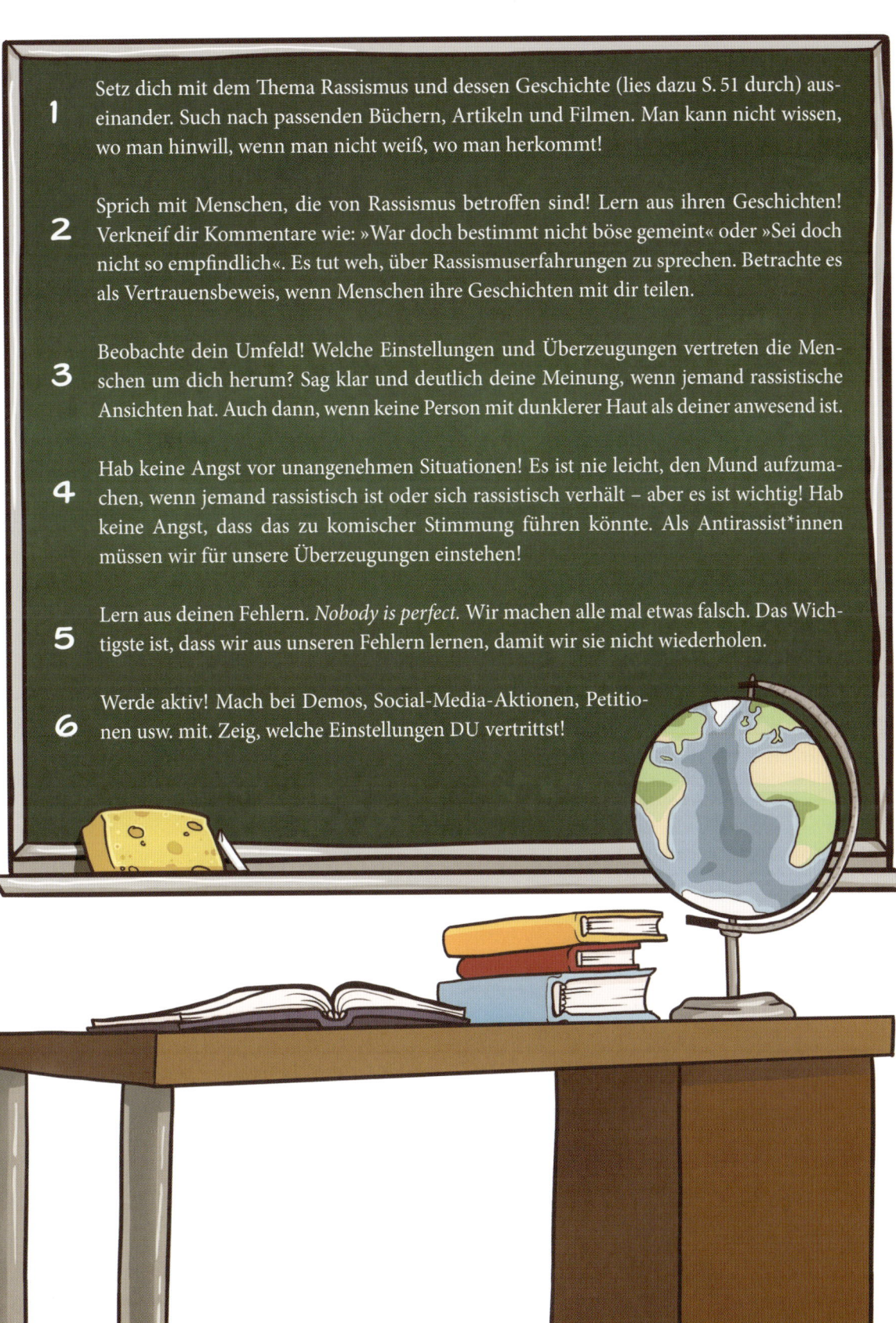

1. Setz dich mit dem Thema Rassismus und dessen Geschichte (lies dazu S. 51 durch) auseinander. Such nach passenden Büchern, Artikeln und Filmen. Man kann nicht wissen, wo man hinwill, wenn man nicht weiß, wo man herkommt!

2. Sprich mit Menschen, die von Rassismus betroffen sind! Lern aus ihren Geschichten! Verkneif dir Kommentare wie: »War doch bestimmt nicht böse gemeint« oder »Sei doch nicht so empfindlich«. Es tut weh, über Rassismuserfahrungen zu sprechen. Betrachte es als Vertrauensbeweis, wenn Menschen ihre Geschichten mit dir teilen.

3. Beobachte dein Umfeld! Welche Einstellungen und Überzeugungen vertreten die Menschen um dich herum? Sag klar und deutlich deine Meinung, wenn jemand rassistische Ansichten hat. Auch dann, wenn keine Person mit dunklerer Haut als deiner anwesend ist.

4. Hab keine Angst vor unangenehmen Situationen! Es ist nie leicht, den Mund aufzumachen, wenn jemand rassistisch ist oder sich rassistisch verhält – aber es ist wichtig! Hab keine Angst, dass das zu komischer Stimmung führen könnte. Als Antirassist*innen müssen wir für unsere Überzeugungen einstehen!

5. Lern aus deinen Fehlern. *Nobody is perfect.* Wir machen alle mal etwas falsch. Das Wichtigste ist, dass wir aus unseren Fehlern lernen, damit wir sie nicht wiederholen.

6. Werde aktiv! Mach bei Demos, Social-Media-Aktionen, Petitionen usw. mit. Zeig, welche Einstellungen DU vertrittst!

Redet miteinander!

Warst du schon mal in einer Situation, in der du einen Ally gebraucht hättest oder selbst ein Ally warst?

Wenn du rassistisch diskriminiert wirst oder rassistische Diskriminierung mitbekommst, kannst du dich bei der Antidiskriminierungsstelle des Bundes melden: *www.antidiskriminierungsstelle.de*

Wenn du Rassismus erlebst, ist es wichtig, dass du reagierst!

DEMOS UND ENGAGEMENT – BRINGT DAS WAS?

Bei einer Demonstration versammeln sich mehrere Menschen in der Öffentlichkeit, um ihre Meinung zu einer bestimmten Sache zu äußern. Oft finden Demonstrationen vor Regierungsgebäuden oder auf großen Straßen statt.

VAISHALI: Vor ein paar Jahren war ich bei einer *Fridays for Future*-Demo dabei. Damals hat es sich wichtig angefühlt, aber jetzt kommt's mir so vor, als wäre danach nichts passiert. Als hätte die Demo nichts angestoßen oder verändert. Außerdem haben wir unentschuldigte Fehlstunden bekommen. Warum ist demonstrieren trotzdem so wichtig?

TINASHE: 2001 wurde in Oslo ein 15-Jähriger von Neonazis ermordet. Er war Schwarz und hieß Benjamin Hermansen. Obwohl das über zwanzig Jahre her ist, kann ich mich noch genau an den Tag erinnern. An das Gefühl in mir drin. Ich hatte Todesangst. Noch viele Tage danach zog ich mir auf dem Weg zum Schulbus die Kapuze ins Gesicht und vergrub meine Hände in den Taschen, damit niemand sehen würde, dass ich Schwarz bin. Außerdem machte ich mir riesige Sorgen um meine Brüder. Was Benjamin passiert war, könnte auch uns treffen. Wir waren sogar im selben Alter gewesen, Benjamin und ich. Fünfzehn. Tagelang hat mich diese Todesangst begleitet.

Aber dann geschah etwas! Am 1. Februar fand in Oslo ein Fackelzug gegen Rassismus statt, über vierzigtausend Menschen nahmen daran teil. Ich bin so froh, dass ich dabei sein und etwas so Starkes und Bewegendes erleben durfte.

Ganz Norwegen kam zusammen, um allen ängstlichen Kindern und Jugendlichen im Land zu zeigen: Ihr braucht auf dem Schulweg nicht das Gesicht zu verstecken. In so einer Welt wollen wir nicht leben, wir stehen Schulter an Schulter, im Kampf gegen Rassismus. Danach zog ich mir die Kapuze nicht mehr ins Gesicht.

Auch wenn wir Rassismus nicht aus der Welt vertreiben konnten, schicken wir mit dem Fackelzug eine klare Botschaft an alle Betroffenen: Ihr seid nicht allein, so eine Welt wollen wir nicht, wir halten zusammen! Manchmal gerät man vielleicht ins Zweifeln, ob Demos wirklich Sinn machen, ob man zu den verantwortlichen Politiker*innen durchdringt, ob Petitionen und Social-Media-Aktionen etwas bewegen – aber es geht dabei vor allem um die Signalwirkung. Darum, dass wir gemeinsam zeigen, in welcher Welt wir leben wollen, und was wir auf keinen Fall tolerieren!

Es gibt ganz verschiedene Arten zu demonstrieren! Schauen wir uns ein paar davon an.

Politische Demonstration

Bei einer politischen Demonstration versammeln sich mehrere Personen an einem öffentlichen Ort, um gemeinsam ihre Meinung zu äußern. Oft geht es darum, Haltung zu einer akuten gesellschaftlichen Frage zu zeigen. Klarzumachen, dass man einer Sache zustimmt oder etwas ablehnt. Ein Beispiel: Im Mai 2020 ermordete ein *weißer* Polizist den Afroamerikaner George Floyd bei einer gewaltsamen Festnahme in den USA. Daraufhin organisierten Menschen auf der ganzen Welt Demos gegen Polizeigewalt und Rassismus. Die Proteste waren Teil der Bewegung *Black Lives Matter* (*»Schwarze Leben zählen«*), die weltweit wichtige Diskussionen und Reformen angestoßen hat.

Fackelzug

Ein Fackelzug ist eine friedliche Demonstration, die mit Fackeln und Kerzen im Dunkeln stattfindet. Dabei wird oft einer verstorbenen Person oder eines Ereignisses gedacht. In Deutschland rufen Fackelzüge

manchmal negative Erinnerungen an die NS-Zeit hervor, weil sie damals für Propagandazwecke genutzt wurden. Deshalb werden sie nicht an symbolisch aufgeladenen Plätzen wie dem Brandenburger Tor zugelassen.

Ein friedliches Beispiel aus Norwegen sind die Fackelzüge, die nach dem Mord an Benjamin Hermansen organisiert wurden, als Zeichen gegen rassistische Gewalt.

Social Media

Soziale Medien sind ein gutes Mittel, um gemeinsam eine Meinung zu äußern oder einem Thema Sichtbarkeit zu geben. Mit dem #-Zeichen kannst du dich für etwas einsetzen, ohne bei einer Live-Demonstration mitzulaufen. Außerdem lässt sich mit ein paar Klicks herausfinden, wie viele die Aktion digital unterstützen.

Ein Beispiel: Im Rahmen der *Black Lives Matter*-Bewegung posteten am 2. Juni 2020 rund 20 Millionen Menschen ein komplett schwarzes Bild auf Instagram, versehen mit dem Hashtag *#blackouttuesday*. Damit setzten sie ein Zeichen gegen Polizeigewalt und Rassismus. Wer an dem Tag durch Insta scrollte, sah fast nur schwarze Bilder, wodurch die Aktion eine wichtige Signalwirkung erzielte.

schreiben, dass sie sich mit der Idee einer Schule ohne Rassismus identifizieren.

Boykott
Bei einem Boykott wird gegen eine Person, ein Unternehmen oder ein Land protestiert, indem man die Zusammenarbeit kündigt, nichts mehr von den Betroffenen kauft und sie nicht mehr unterstützt. Kurz gefasst: »Ich unterstütze dich erst wieder, wenn du dich änderst!«

Petitionen
Bei Petitionen werden Unterschriften gesammelt, und zwar so viele wie möglich. Damit soll Aufmerksamkeit für ein bestimmtes Anliegen geschaffen werden. Oft werden die gesammelten Unterschriften an regierende Politiker*innen übergeben, um Veränderungen anzustoßen.

Ein Beispiel: Auf www.schule-ohne-rassismus.de könnte ihr euch über das Projekt *Schule ohne Rassismus – Schule mit Courage* informieren, das sich gegen Diskriminierung, Mobbing und Gewalt wendet. Damit eure Schule in das Netzwerk aufgenommen wird, müssen mindestens 70 Prozent der Schulmitglieder unter-

Ein Beispiel: In Südafrika wurde 1948 ein politisches System namens Apartheid eingeführt. Das bedeutete, dass Menschen nach ihrer Hautfarbe in Gruppen eingeteilt wurden. Schwarze und *Weiße* durften nicht auf denselben Parkbänken sitzen, nicht zusammen zur Schule gehen und nicht in denselben Restaurants essen. Der Widerstand gegen diese »Rassenpolitik« fand in vielen Ländern Unterstützung. Die UNO-Generalversammlung ächtete die Apartheid als Verbrechen gegen die Menschlichkeit und schloss Südafrika 1974 sogar aus. Viele Länder kauften keine südafrikanischen Waren mehr und schlossen Südafrika von zahlreichen Aktivitäten aus. Auf diese

Weise wollten die Vereinten Nationen der Apartheid ein Ende setzen. Es dauerte eine Weile, aber schließlich zahlten sich die Bemühungen aus. Seit 1994 ist Apartheid in Südafrika verboten.

TINASHE: Es fühlt sich komisch an, daran zu denken, aber mein Opa hat in Südafrika gelebt und die Zeit der Apartheid mitbekommen. Er durfte nicht dieselben Toiletten benutzen wie *Weiße* und nicht in allen Geschäften einkaufen. Auf Bänken im Park und an der Bushaltestelle stand *Whites only*, er durfte sich dort also nicht hinsetzen. Am verrücktesten finde ich, dass Apartheid erst seit 1994 verboten ist. Da war ich neun Jahre alt.

Aufgabe

Ein Supermarkt in der Nähe weigert sich, eine Person of Color einzustellen. Du willst klarmachen, dass das nicht in Ordnung ist. Wie äußerst du deine Meinung am sinnvollsten?

Eure Eltern finden, dass ihr in der Schule zu wenig über Inklusion und Diversität lernt, und das möchten sie der Schulleitung mitteilen. Was können sie tun?

Frauen oder Mädchen teils brutal körperlich angegriffen werden, weil sie ein Kopftuch tragen. Die Schülerin Isra Abdou wurde 2018 in Berlin auf ihrem Schulweg attackiert, und der Angreifer fasste ihr unter den Hijab. Heute ist Isra Abdou Künstlerin und setzt sich mit ihren Projekten dafür ein, dass Frauen selbstbestimmt Kopftücher tragen. Wie kannst du deine Unterstützung zeigen?

WUSSTEST DU, DASS es sich auszahlen kann, gegen den Strom zu schwimmen? Rosa Parks' Protest gegen Rassismus bestand darin, sich im Bus hinzusetzen.

Rosa Parks

Am 1. Dezember 1955 stieg Rosa Parks im US-Bundesstaat Alabama in den Bus und suchte sich einen freien Platz. Kurz darauf kam ein *weißer* Fahrgast zu ihr und meinte, dass sie aufstehen müsse. Die Sitzreihe sei für *Weiße* reserviert. Rosa weigerte sich, wurde verhaftet und zu einer Geldstrafe verurteilt. Stellt euch das vor! Rosa Parks wurde festgenommen, nur weil sie sich im Bus nicht umgesetzt hat. Der Vorfall erregte internationale Aufmerksamkeit, und viele folgten ihrem Beispiel. Rosa Parks' stiller Protest gegen rassistische Diskriminierung gilt als wichtiger Schritt in der Geschichte der US-Bürgerrechtsbewegung. Es hilft, seine Stimme zu erheben! Oder wie in Parks' Fall: sich hinzusetzen.

Ein weiteres Beispiel ist der ehemalige NFL-Spieler Colin Kaepernick. Im September 2016 ging Kaepernick während der Nationalhymne vor einem Football-Spiel auf die Knie, statt sich zu erheben. Damit wollte er ein Zeichen gegen Rassismus und Polizeigewalt setzen. Viele Zuschauer*innen meinten, Kaepernick verhalte sich respektlos gegenüber seinem Land, aber er bekam mindestens genauso viel Unterstützung.

TINASHE: Zwischen 1955 und 1968 durchzog eine wichtige Bewegung die USA. Man nennt sie Bürgerrechtsbewegung oder auf Englisch: *civil rights movement*. Es ging darum, dass die Schwarze Bevölkerung dieselben Rechte bekommen sollte wie *weiße* Amerikaner*innen. Man forderte das Wahlrecht für Schwarze und das Ende rassistischer Diskriminierung. Am 28. August 1963 fand in Washington eine wichtige Demonstration statt, der *Marsch auf Washington*. Rund 250 000 Menschen kamen vor dem Lincoln Memorial zusammen und protestierten für Gleichberechtigung. Dort hielt Martin Luther King Jr. seine berühmte Rede *I have a dream*.

Redet miteinander!

Was wissen deine Eltern über die US-Bürgerrechtsbewegung?

Früher wurden in den USA und in Südafrika Menschen nach Hautfarben segregiert. In Südafrika nannte man diese Trennung *Apartheid*, und es gab sie bis 1994. Hier ein paar Beispiele, was damals für Schwarze Menschen verboten war:

… auf dieselbe Schule zu gehen wie *weiße* Menschen

… dieselben Toiletten zu benutzen wie *weiße* Menschen

… eine Person mit einer anderen Hautfarbe zu heiraten

… in Häusern/Vierteln zu wohnen, die für *Weiße* reserviert waren

… mit *weißen* Menschen Fußball oder Ähnliches zu spielen

… sich auf eine Parkbank zu setzen, die für *Weiße* reserviert war

… dieselben Strände zu besuchen wie *weiße* Menschen

… einen Job auszuüben, der *weißen* Menschen vorbehalten war

SCHON GEWUSST?
In Deutschland und vielen westlichen Ländern müssen Demonstrationen zuvor bei der Polizei angemeldet werden. Bist du schon mal einer Demo mitgelaufen oder hast eine gesehen?

INSPIRIERENDE PERSÖNLICHKEITEN

Martin Luther King Jr.
Eine der bedeutendsten Figuren der US-Bürgerrechtsbewegung. Er hielt die berühmte Rede *I have a dream*. 1968 wurde King bei einem Attentat erschossen.

Ruby Bridges
Sie wurde als erste Afroamerikanerin an der bis dahin rein *weißen* William Frantz Elementary School in Louisiana eingeschult. Dort erwarteten sie viele *weiße* Demonstrant*innen, die Bridges nicht dahaben wollten. Deshalb wurde sie auf dem Schulweg von einer Polizeieskorte begleitet. Außerdem war in der ganzen Schule nur eine Lehrerin bereit, sie zu unterrichten. Trotzdem machte Bridges ihren Abschluss. Heute ist sie eine aktive Antirassistin.

Nelson Mandela

Südafrikas erster Schwarzer Präsident und wichtiger Kämpfer gegen die Apartheidspolitik. Mandela verbrachte 27 Jahre im Gefängnis, weil er wegen seines Einsatzes für Freiheit verhaftet worden war. Nach seiner Freilassung wurde er zum Präsidenten gewählt. 1993 erhielt er den Friedensnobelpreis.

Rosa Parks

Afroamerikanische Bürgerrechtlerin, die sich weigerte, ihren Sitzplatz im Bus für einen *weißen* Fahrgast zu räumen. Damit war Parks nicht die Erste, doch ihr Protest erregte besonders viel Aufmerksamkeit und löste den »Busboykott von Montgomery« aus.

Kamala Harris

Die erste weibliche, Schwarze und asiatischamerikanische US-Vizepräsidentin. Hat Jura studiert und führt die USA zusammen mit US-Präsident Joe Biden. Hat indische und jamaikanische Wurzeln.

Amanda Gorman

Gorman ist eine junge Lyrikerin. Sie wurde mit dem Gedicht *The Hill We Climb* bekannt, das sie für die Amtseinführung von Joe Biden im Januar 2021 geschrieben hatte. Das Gedicht war eine Reaktion auf den »Sturm aufs Kapitol«, der sich nur wenige Tage zuvor ereignet hatte.

Malala Yousafzai

Eine junge Pakistanerin, die auf dem Schulweg von Taliban-Kämpfern niedergeschossen wurde. Unter dem Taliban-Regime ist es Mädchen verboten, zur Schule zu gehen. Yousafzai überlebte das Attentat und erhielt 2014 den Friedensnobelpreis. Heute kämpft sie für die Bildungsrechte von Mädchen auf der ganzen Welt.

Halt die Klappe, Onkel Ronny!

Es kann schwer sein, sich gegen rassistisches Verhalten von Fremden zu positionieren. Den Mund aufzumachen, wenn du beim Einkaufen eine rassistische Bemerkung hörst. Eine Freundin oder einen Freund zu verteidigen, wenn ihr mit eurer Fußballmannschaft bei einem Auswärtsspiel seid. Dich in den Sozialen Medien in eine Diskussion einzuklinken, wenn du die Beteiligten überhaupt nicht kennst. Aber noch viel schwerer ist es, wenn es um Familie und Freund*innen geht. Um Menschen, die du magst und denen du vertraust, die älter und vielleicht schon erwachsen sind. Was kannst du tun, wenn deine Oma das N-Wort benutzt? Oder wenn deine Eltern sagen: »Wenn's denen hier nicht gefällt, sollen sie dahin zurück, wo sie herkommen.« Können und müssen wir in solchen Situationen den Mund aufmachen?

Die klare Antwort ist: JA!!

LINDA: Letztes Weihnachten haben wir alle zusammen gegessen, die ganze Familie saß am Tisch. Irgendwann erzählte Mama, sie habe sich mit unseren Nachbarn darüber unterhalten, dass es seit ein paar Tagen so schrecklich kalt sei.

»Mit welchen Nachbarn?«, fragte Onkel Ronny.

»Den Nachbarn von gegenüber«, antwortete Mama.

»Ach so. Na, kein Wunder, dass *die* hier frieren.«

Für *die* benutzte er *N-Wort*, und wir alle mussten schlucken, aber niemand sagte etwas. Im Laufe des Abends hat Onkel Ronny das N-Wort insgesamt dreimal benutzt. Ich hatte keine Ahnung, wie ich mich verhalten sollte. Ich habe gelernt, dass man glaubt, was die Erwachsenen sagen. Andererseits war mir klar, dass das N-Wort nicht okay ist. Am meisten hat mich verunsichert, dass die anderen Erwachsenen still blieben. Also hab ich auch geschwiegen.

VEGARD: Meine Oma ist schon 78, und wir besuchen sie fast jeden Sonntag. Sie ist superlieb und steckt uns immer Süßigkeiten und Geld zu. Außerdem hat sie den süßesten Kater der Welt. Er heißt Yummy, weil er so viel frisst.

Aber als wir sie vor ein paar Tagen besucht haben, hat sie von einem Arztbesuch erzählt. »Ein *Farbiger* hat mir Blut abgenommen. Die können mir gestohlen bleiben. Ich verstehe nie, was die sagen. Wenn ich zum Arzt gehe, soll mich bitte schön ein echter Norweger untersuchen.«

Ich bekam sofort Bauchschmerzen. Ich konnte nicht glauben, dass meine liebe Oma so über einen Menschen spricht. Trotzdem hab ich nichts gesagt. Papa auch nicht.

SAMMY: Ich bin mal mit meiner Cousine in den Skiurlaub gefahren. Da meinte meine Tante, es sei komisch, dass ich so gut Ski fahren könne. Meine Wurzeln würden schließlich nicht in Norwegen liegen, wo die Babys quasi mit Skiern an den Füßen zur Welt kommen. Dann hat sie gefragt, ob Papa es komisch findet, dass Skifahren mir mehr liegt als Leichtathletik. »*Deine Leute* sind doch so schnelle Läufer.« Ich hab nichts gesagt, weil sie meine Tante ist, und weil ich sie auf Geburtstagsfeiern und so sehe. Ich hab mich nicht getraut.

LINDA: Ich hab so viel von euch gelernt. Aber wenn ich eure Geschichten höre, kommt es mir vor, als würden *so* viele Menschen einfach nichts kapieren … auch Erwachsene. Irgendwie ist das frustrierend … Als könnte ich, ein einzelner Mensch, sowieso nichts ändern.

TINASHE: Weißt du noch, wie wichtig es ist, ein Ally zu sein? Genau deshalb müssen wir alle unseren Teil beitragen. Stellt euch vor, ihr sät einen klitzekleinen Samen in eurem Onkel oder eurer Oma, so dass sie über ihre Worte und die Motivation dahinter nachdenken.

Wenn wir alle zusammenhalten, können wir etwas bewegen!

Was würdest du tun?

Schauen wir uns zusammen die Situationen an, die Linda, Vegard und Sammy in der Familie erlebt haben. Wie könntest du dich in solchen Fällen verhalten?

Lindas Weihnachtsfest

1: Sag beim Essen, dass das N-Wort absolut inakzeptabel ist.

2: Nimm Onkel Ronny nach dem Essen zur Seite und erklär ihm unter vier Augen, warum dich seine Bemerkungen gestört haben. Frag ihn, ob ihr darüber reden könnt.

3: Wenn es dir schwerfällt, selber mit Onkel Ronny zu reden, bitte eine/n Erwachsene*n darum.

4: Schreib deinem Onkel eine E-Mail oder einen Brief und erklär ihm, wie du dich gefühlt hast und warum.

Was würdest du tun?

Besuch bei Vegards Oma

1: Erklär deiner Oma, dass es nicht in Ordnung ist, so über einen Menschen zu reden.

2: Sprich mit deiner Mutter oder mit deinem Vater darüber und bitte sie, mit deiner Oma zu reden.

3: Frag deine Oma, warum sie so was sagt. Erklär ihr, warum ihre Äußerungen dich traurig machen.

Was würdest du tun?

TINASHE: »Sie kommen eben aus einer anderen Generation. Früher war es okay, so was zu sagen.« Solche Entschuldigungen gelten nicht mehr. Es ist richtig und wichtig, auch älteren Menschen zu widersprechen, wenn sie veraltete, inakzeptable Anschauungen vertreten.

Keine Alternative schlägt vor, dass du sagst: »Halt die Klappe, Onkel Ronny!« Das wäre nicht gerade konstruktiv, auch wenn es verlockend sein kann. Den engsten Leuten die Meinung zu sagen, ist besonders schwierig, aber auch besonders wichtig. Wir alle müssen mit offenen Augen durch die Welt gehen und unser Umfeld beobachten. Aber ihr seid die Zukunft. Deshalb ist es nur gerecht, wenn ihr uns erzählt, in welcher Welt ihr leben wollt.

Sammys Skiurlaub

1: Erklär deiner Tante, wie du dich fühlst, wenn sie so was sagt.

2: Erklär ihr, dass Formulierungen wie »deine Leute« stereotyp und dumm sind.

3: Erzähl deinen Eltern, was passiert ist, damit sie mit deiner Tante darüber reden.

Was würdest du tun?

POC, STOLZ UND NORWEGISCH

Manchmal höre ich Menschen sagen, sie sähen keine Hautfarbe. Sie meinen es bestimmt gut, und trotzdem fühlt es sich falsch an. Ich will dir erklären, warum. Wenn du mich anschaust, siehst du auch meine Hautfarbe. Wenn du sie nicht siehst, dann siehst du auch nicht den Rassismus, den ich erlebe. Und es ist wichtig für mich, dass du ihn siehst. Als Allys müssen wir mit offenen Augen durch die Welt gehen und dementsprechend handeln.

Als Kind habe ich mich oft nicht norwegisch gefühlt. Dafür war ich nicht *weiß* genug. Ich stellte mich nicht als Tinashe vor, sondern als Tina, weil der Name norwegischer klang. Ich glättete mir die Haare, damit sie herunterhingen, statt mir in einem Afro vom Kopf abzustehen. Ich hatte immer das Gefühl, ich müsste besonders fleißig sein und mich besonders gut benehmen. Dass ich nicht nur mich selbst repräsentierte, sondern alle Menschen mit Minderheitenhintergrund. Das ist nicht fair. Ich stehe für mich selbst, so, wie jede*r weiße Norweger*in für sich selbst steht und nicht für die gesamte norwegische Bevölkerung. Auch bei meinen Freund*innen mit Migrationshintergrund habe ich immer wieder beobachtet, dass wir als norwegisch akzeptiert werden, wenn wir etwas gut machen. Doch sobald etwas schiefläuft oder den Leuten nicht gefällt, wird unsere Herkunft thematisiert. Auch das ist nicht fair. Ich will als Norwegerin Tinashe für meine guten und für meine schlechten Taten stehen. Als Jugendliche habe ich einen Riesenhaufen Kleider und Kopftücher aus Simbabwe geerbt. Ich stopfte die Sachen ganz hinten in den Schrank, weil ich nicht noch mehr auffallen wollte als sowieso schon. Darin können sich viele wiedererkennen, glaube ich. Während meiner gesamten Kindheit hat meine Mutter versucht mir zu zeigen, dass ich im selben Moment Norwegerin und stolz auf meine Wurzeln sein kann.

Redet miteinander!

Warst du schon mal in der Situation, dass jemand etwas gesagt hat, was nicht akzeptabel war? Hast du die Person darauf aufmerksam gemacht? Warum? Warum nicht?

Dass es kein Widerspruch ist, heute ein Kopftuch zu tragen und morgen eine norwegische Tracht. Aber obwohl meine Mutter sich so viel Mühe gab, fühlte ich mich einfach nicht norwegisch genug. Das bekam ich ja ständig von der Außenwelt zu hören, und ich wehrte mich nicht dagegen. Ich fraß alles in mich hinein, und die diskriminierenden Kommentare wurden zu einer traurigen Wahrheit in meinem Herzen. Außerdem: Welche Zwölfjährige hört schon auf ihre Mutter? Aber heute verstehe ich, was meine Mutter mir damals sagen wollte: Wir Menschen sind nicht nur eine Sache. Wir sind vielfältig, und die Mischung aus unseren Eigenschaften macht uns zu dem Menschen, der wir sind. Mit diesem Buch will ich dir zeigen, dass dich niemand nach deiner Hautfarbe beurteilen darf. Und ja: Ich bin PoC, stolz und norwegisch!

TINASHE: Ich würde jetzt gern sagen, dass es mir immer leichtfiel, für mich und meine Anschauungen einzustehen und aktive Antirassistin zu sein. Aber die Wahrheit ist, dass ich mich viele Jahre lang nicht getraut habe. Damals fehlte mir die Sprache, um für das zu kämpfen, was ich tief im Herzen fühlte. Ich hoffe, du hast jetzt ein bisschen von dieser Sprache gelernt, gehst raus in die Welt und erhebst deine Stimme. Ich freue mich schon auf all die phantastischen Dinge, die du tun wirst.

Ein letztes Wort an euch, die ihr dieses Buch lest: Rücken gerade, Kinn hoch und lächeln! Die Welt gehört euch! <3

QUELLEN:

- www.adl.org/racism
- en.wikipedia.org/wiki/Human_skin_color#Evolution_of_skin_color
- www.history.com/topics/africa/apartheid#section_6
- www.historyworld.net/wrldhis/plaintexthistories.asp?historyid=ac41
- www.loc.gov/exhibits/civil-rights-act/legal-events-timeline.html
- understandingrace.org/OnlySkinDeep
- www.washingtonpost.com/lifestyle/magazine/pearls-before-breakfast-can-one-of-the-nations-great-musicians-cut-through-the-fog-of-a-dc-rush-hour-lets-find-out/2014/09/23/8a6d46da-4331-11e4-b47c-f5889e061e5f_story.html

Für die deutsche Ausgabe:
- www.amnesty.de/2017/3/1/glossar-fuer-diskriminierungssensible-sprache
- www.antidiskriminierungsstelle.de
- www.bpb.de/themen/rassismus-diskriminierung/rassismus/
- de.wikipedia.org/wiki/Hominisation
- www.institut-fuer-menschenrechte.de
- www.martin-luther-king-zentrum.de
- www.schule-ohne-rassismus.de
- www.spiegel.de/panorama/kopftuch-fuer-wen-trage-ich-hijab-isra-abdou-zeigt-fotos-ueber-den-islam-und-andere-kulturen-a-00000000-0003-0001-0000-000002042356
- www.verfassungsschutz.de

TINASHE WILLIAMSON arbeitet als Model und Schauspielerin in Norwegen. Ihr Einsatz im Kampf für Gerechtigkeit und Gleichberechtigung brachte sie dazu, »No to racism!« zu schreiben.

THEA JACOBSEN ist Illustratorin und Animationskünstlerin in Norwegen. Sie studierte in Greenwich Animation, und ihre Leidenschaft liegt besonders im Character Design.

JANA PAREIGIS ist Journalistin und Moderatorin, u. a. moderiert sie die »heute«-Sendung im ZDF. Zudem ist sie Autorin und Regisseurin der Fernsehdokumentation »Afro.Deutschland.«

Danke!
Liebe Mama, tausend Dank, dass du dir so viel Mühe gegeben hast, mir beizubringen, stolz auf meine Wurzeln zu sein – die in Norwegen und die in Simbabwe. Am Ende habe ich dich verstanden, und heute bin ich stolz!

Tausend Dank an Linda Tinuke Strandmyr von Agenda X (Antirassistisches Zentrum)
Tausend Dank an Antonia Lilie (Kontaktlehrerin an der Rudolf Steinerskolen in Oslo)

Tausend Dank an meine Familie und Freunde <3